# GANZ LISSABON
## UND UMGEBUNG

Gesamtherstellung: Text, Photographien, Darstellung und Druck
EDITORIAL ESCUDO DE ORO, S.A.

Alle Rechte des Nachdrucks und der Übersetzung,
auch auszugsweise, vorbehalten.

Copyright © by EDITORIAL ESCUDO DE ORO, S.A.
Palaudàries, 26 - 08004 Barcelona (Spanien).

e-mail:editorial@eoro.com
http://www.eoro.com

Editorial Escudo de Oro, S.A.

*Alter Stich von Lissabon aus dem Stadtmuseum.*

## LISSABON, DIE VIELBESUNGENE STADT

Lange, bevor Lissabon im ersten Jahrhundert nach Christus in die Kategorie eines römischen Munizipiums aufstieg, waren die Phönizier und die Karthager bereits hier vorbeigezogen. Die Stadt liegt an privilegierter Stelle auf einer Hügelgruppe am Ufer des Tejo oberhalb des schönen Mündungsbeckens, das dieser bildet. Wie Fundstücke aus der Bronzezeit beweisen, wurde die wunderschöne Landschaft, in der sich die Stadt heute erhebt, bereits mindestens 2500 Jahre vor Beginn der christlichen Zeitrechnung besiedelt. Der große portugiesische Dichter der *saudade* Teixeira de Pascoaes beschreibt die einzigartige Lage der eindrucksvollen portugiesischen Hauptstadt in liebevollen Versen:

*Surge Lisboa, branca, ao pé do Tejo azul;*
*A Lisboa das naus,*
*Construída em marfim, sobre colinas de oiro.*
*Vede o imenso estuário... (é sonho ou realidade?)*
*Sob un Azul divino a desfolhar-se em asas!*

Lissabon, die von den Poeten vielgeliebte Stadt am Atlantik, wurde vom unsterblichen Camões geehrt, indem er die ausprechende Legende erdachte, sie sei von keinem Geringeren gegründet worden als von Odysseus persönlich. Nach dem Ende der Herrschaft der Römer, die die Stadt zunächst *Olisipo* und dann *Felicitas Julia* genannt hatten, wird Lissabon nacheinander von den Alanen, den Sweben, den Westgoten und den Mauren besetzt, bevor die christlichen Heerscharen des ersten portugiesischen Königs, Alfons I. des Eroberers, sie 1147 einnehmen.

Von diesem Augenblick an beginnt sich die Stadt am Tejo auszubreiten und erhält ein neues Profil, indem sie über ihre Mauern hinauswächst. Im 13. Jahrhundert wird sie zur Hauptstadt des Königreichs Portugal bestimmt, und es beginnt eine Blütezeit, die ihren Höhepunkt nach der Entdeckung Brasiliens und der Amerikaroute erreicht, als Lissabon zum wichtigsten Hafen der Welt wird.

1755 erlebt die Stadt dann tragische Stunden, als sie von einem gewaltigen Erdbeben zerstört wird. Von der mittelalterlichen Struktur bleibt nur das charakteristische Alfama-Viertel erhalten. Lissabon wird jedoch unter der intelligenten und energischen Leitung des Marquis von Pombal nach geometrischem Muster wiederaufgebaut.

Die Stadtplanung Pombals bestimmt maßgeblich auch die spätere Entwicklung der schönen Hauptstadt, die sich, ohne ihre reizende Persönlichkeit zu verlieren, zu der großen, modernen Metropole entwickelt, die sie heute ist.

*Fliesenmosaik zum Andenken an die Eroberung Lissabons.*

*Der Pavillon der Ozeane.*

## DIE STADT

Lissabon, das wichtigste Zentrum der gesellschaftlichen, wirtschaftlichen und kulturellen Entwicklung Portugals, ist eine Stadt voller attraktiver Kontraste, die sich von den Hängen der sieben Hügel, die sie umgeben, zum riesigen Mündungsbecken des Tejo hin erstreckt. Die von den Reflexen des Sonnenlichts auf der gekräuselten Wasseroberfläche in goldene Töne getauchte portugiesische Hauptstadt richtet ihren Blick auf den Atlantischen Ozean, dessen Schiffahrtsrouten sie einst beherrschte und für die sie heute einen obligatorischen Durchgangspunkt darstellt. Aus ihrem Hafen liefen zahlreiche Expeditionen nach Lateinamerika und zu neuen Entdeckungen aus. Deshalb waren die Ozeane auch das zentrale Thema der Weltausstellung, die 1998 in Lissabon stattfand.

Lissabon befindet sich in ständigem Wachstum und ist heute eine Stadt, in der die verführerischen traditionellen Viertel mit der Modernität und Attraktivität der an der Peripherie entstandenen, neuen Stadtteile einhergehen. Der Spaziergang durch die malerischen Straßen des mittelalterlichen Alfama-Viertels oder die Besichtigung der alten Paläste in São Cristóvão sind ebenso anregend wie der Besuch jener Teile der Stadt, die nach der Vergabe der letzten Weltausstellung des 20. Jahrhunderts nach Lissabon entstanden sind. Als Ausstellungsort wurde ein Gelände im Osten der Stadt gewählt, auf dem sich zuvor diverse militärische Materiallager, eine Raffinerie, ein Schlachthof und eine Mülldeponie befunden hatten. Auf dem fünf Kilometer langen Küstenstreifen entstanden außer den Pavillons der Expo '98 ein Park, eine Wohnsiedlung mit kompletter Infrastruktur, der neue sogenannte Ostbahnhof, an dem sich die wichtigsten öffentlichen Verkehrsmittel der Region treffen, sowie die nagelneue Vasco da Gama-

Brücke, ein Wunderwerk der modernen Ingenieurtechnik, wie seinerzeit die populäre Brücke des 25. April. Verblieben sind vom Großereignis die Pavillons der Ozeane, der Virtuellen Realität und der Utopie. Der erste, entworfen vom nordamerikanischen Architekten Peter Chermayeff, blieb nach der Weltausstellung in Betrieb und stellt eines der weltweit größten Ozeanarien dar. In ihm sind vier verschiedene Küstenregionen simuliert, die die Meereslandschaften des Atlantiks, des Pazifiks, des Indischen Ozeans und der Antarktis repräsentieren. Der Pavillon empfängt jährlich etwa eine Million Besucher. Der Pavillon der Virtuellen Realität, ein Cyberpark, der es erlaubt, in die phantastische Welt der Illusionen einzutreten, die diese Technologie zu erzeugen vermag, blieb nach dem Ende der Weltausstellung ebenfalls für das Publikum zugänglich. Eine besondere Erwähnung verdient der Pavillon der Utopie, der zum Mehrzweckpavillon der Stadt Lissabon umfunktioniert wurde und wohl das architektonisch bemerkenswerteste Gebäude auf dem Expo-Gelände darstellt. Der halbrunde Bau, der innen mit schwedischem Kiefernholz ausgekleidet wurde, ist ein Werk des Portugiesen Regino Cruz. Für seine Klimatisierung und Beleuchtung werden natürliche Energiequellen genutzt, und er beherbergt ein modernes Amphitheater für bis zu 16 000 Personen.
Am Ostbahnhof des spanischen Architekten Santiago Calatrava fällt das Dach aus Stahl und Glas besonders auf, das von den Ästen baumartiger Metallstrukturen gestützt wird.

*Der Ostbahnhof.*

Das Amoreiras-Zentrum.

Der valencianische Architekt wählte dieses Design wegen der zahlreichen Bäume, die es in Lissabon gibt. Die Anlage dient gleichzeitig als Eisenbahn-, Bus- und U-Bahnhof und steht mit dem Flughafen in direkter Verbindung.

Ein weiteres Beispiel für den in Lissabon herrschenden Geist der Erneuerung ist das Einkaufszentrum Amoreiras in der Avenida Duarte Pacheco, dessen Silhouette von der ganzen Stadt aus gut zu sehen ist. Es handelt sich um ein riesiges, postmodernes Gebäude, das mit zehn Kinos, etwa 60 Restaurants, einen Hotel und über 300 Geschäften ein komplettes Angebot an Dienstleistungen und Freizeiteinrichtungen beherbergt.

Lissabon steht aber auch für Tradition, Geschichte und Folklore. Der älteste Teil der Stadt erstreckt sich auf verschiedenen Ebenen unterhalb des Kastells São Jorge, dem ursprünglichen Kern der Stadt. Als die christlichen Truppen 1147 die Mauren vertrieben, begann mit dem Bau des malerischen Alfama-Viertels gewissermaßen eine erste Stadterweiterung. Von den hochgelegenen Straßen dieses Viertels aus lassen sich zwei verschiedene Lissabons, das von gestern und das von heute, erkennen, die sich in großer Harmonie ineinander verschränken. Über einen langen Zeitraum hinweg verschob sich der Stadtkern allmählich in die Nähe des Tejo. Diese Entwicklung wurde jedoch vom verheerenden Erdbeben, das die Stadt im Jahr 1755 verwüstete, unterbrochen. Beim Wiederaufbau entstand unter Federführung des Marquis von Pombal, dem Premierminister König Josephs I., ein rationaleres, geometrisches städtebauliches Gefüge. Außer dem Alfama-Viertel mit seinem Gassenlabyrinth blieben vom alten Lissabon nur der Kataklysmus des Bairro Alto, eines Orts mit folkloristischen Anklängen, und der Stadtteil São Cristóvão mit seinen zahlreichen alten Palästen erhalten.

*Blick vom Kastell São Jorge auf Lissabon.*

*Blick vom Kastell São Jorge auf den Praça da Figueira.*

*Praça do Comércio.*

Ein anderer besonders sehenswerter Teil Lissabons ist Baixa, das Viertel zwischen den populären Plätzen Praça do Rossio und Praça do Comércio. Der erste dieser Plätze war Schauplatz einiger der wichtigsten Ereignisse der Stadtgeschichte. Der Praça do Comércio, in dessen Mitte sich ein Reiterstandbild Josephs I. befindet, ragt durch seine ausgeglichenen Proportionen und seine Größe heraus.

Das Stadtviertel Chiado gehört, obwohl es 1988 durch einen Großbrand teilweise zerstört wurde, zu den sehenswürdigsten Teilen Lissabons. Einige seiner gewundenen Straßen und kleinen Plätze werden von eleganten Geschäften und Cafés gesäumt, die in der Vergangenheit Treffpunkte und Inspirationsquellen einiger berühmter Vertreter der portugiesischen Geisteswissenschaften waren. In unmittelbarer Nähe des interessanten, aus dem 19. Jahrhundert stammenden Gebäudes des Rossio-Bahnhofs ragt auf dem Praça dos Restauradores das gleichnamige Denkmal für eben jene Wiederhersteller der alten Ordnung auf; ein 30 Meter hoher Obelisk, der an die Revolution von 1640 erinnert, die Portugal nach fünfzig Jahren unter spanischer Herrschaft in die Unabhängigkeit zurückführte. Hier beginnt auch die Avenida da Liberdade, die zu beiden Seiten von Baumreihen und Brunnen flankierte Hauptschlagader der Stadt. Auf ihrem höchsten Abschnitt steht eine Bronzestatue des Marquis von Pombal, der den Wiederaufbau Lissabons nach dem großen Erdbeben von 1755 leitete.

Sehr interessant sind auch die über die ganze Stadt verteilten Parkanlagen. Unter ihnen ragen der 1875 gegründete Botanische Garten mit seinen gigantischen Gewächshäusern, der von Zedern, Zypressen, Eukalyptusbäumen und Eichen bevölkerte Forstpark von Monsanto, von dem aus sich ein herrlicher Ausblick auf den Tejo bietet, der unter dem Namen «Estufa Fria» (Kaltes Treibhaus) bekannte

*Der Arco da Rua Augusta, durch den man auf den Praça do Comércio gelangt.*

*Das klassizistische Stadtratsgebäude von 1864 beherbergt das Historische Archiv. Es steht am schönen Praça do Municipio, in dessen Zentrum der pelourinho zu sehen ist, ein altes Folterwerkzeug, das inzwischen zu einem Symbol für die bürgerlichen Freiheiten geworden ist.*

tropische Garten, in dem zahlreiche Gewächse aus anderen Klimazonen bewundert werden können, sowie zahlreiche andere Grünanlagen heraus, von denen hier der Jardim da Estrela und der Zoologische Garten genannt sein sollen. Zu Lissabon gehört aber schließlich auch seine fröhliche und sentimentale, höfliche und joviale, romantische und gastfreundliche Bevölkerung. Charakterzüge, die die enorme Anziehungskraft, die diese Stadt, die auf die Zukunft setzt, ohne dabei ihr reiches historisch-kulturelles Erbe aus den Augen zu verlieren, an sich schon besitzt, noch verstärken.

*Typische Lissabonner Straßenbahn.*

# DAS KLOSTER CONVENTO DO CARMO

Das als glanzvollstes Bauwerk der Lissabonner Gotik geltende Carmo-Kloster wurde auf Geheiß des Konnetabels Nuno Álvares Pereira zwischen dem Ende des 14. und dem Beginn des 15. Jahrhunderts errichtet. Der Militär, der für König Johann I. kämpfte, hatte gelobt, ein prächtiges Sanktuar zu erbauen, sollte er, wie geschehen, die Schlacht von Aljubarrota gegen die Spanier gewinnen. Neben seiner großen architektonischen Schönheit besaß das Kloster auch verschiedene sehr wertvolle Schätze. Seine Kirche wurde im Lauf der Zeit zur populärsten der Hauptstadt und zum Wallfahrtsort für die Portugiesen, die sie aufsuchten, um Nuno Álvares Pereira, der wenige Jahre nach Vollendung der Bauarbeiten verstorben war, an seinem Grabmal die letzte Ehre zu erweisen. Das Bauwerk wurde beim Erdbeben, das die Stadt 1755 verwüstete, schwer beschädigt, und heute sind lediglich einige Mauern und diverse Spitzbogen der drei Schiffe, die den Innenraum bildeten, erhalten. Trotz des ruinösen Zustands ist die von vielen Punkten Lissabons aus sichtbare Silhouette nach wie vor beeindruckend.

Gegen Ende des 19. Jahrhunderts wurde entschieden, auf dem Grundstück ein kleines, aber erlesenes archäologisches Museum einzurichten, das eine umfangreiche Sammlung an Grabmälern, Skulpturen, Stichen und Stadtwappen besitzt.

*Beeindruckende Ansicht der Ruine der gotischen Kirche des Klosters Convento do Carmo.*

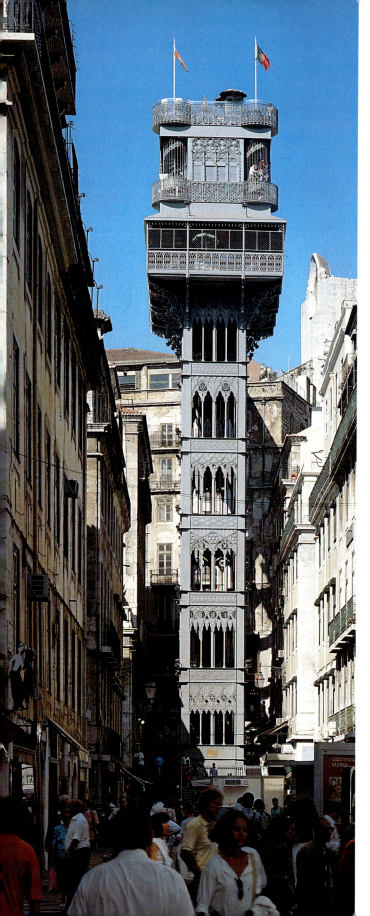

*Der Santa-Justa-Aufzug.*

## DER SANTA-JUSTA-AUFZUG

Das Lissabonner Stadtviertel Bairro Alto hat mit Alfama außer den steilen Gassen den Umstand gemeinsam, daß es durch das Erdbeben von 1755 nur wenig in Mitleidenschaft gezogen wurde. Auch hier ist es keine Seltenheit, abends die Notenfolgen eines Fado zu hören, der die Besucher der Stadt grüßt. Besondere Aufmerksamkeit erregen die typischen schmiedeeisernen Balkongitter und der eigenartige Verlauf der Straßen, der dafür verantwortlich ist, daß das Viertel über zwei der populärsten Verkehrsmittel der Stadt verfügt: die Zahnradbahn und den Santa-Justa-Aufzug. Was die Zahnradbahn betrifft, helfen gegenwärtig drei Linien, die großen Höhenunterschiede zu überwinden. Die älteste, die unter dem Namen «Elevador do Lavra» (Lavra-Aufzug) bekannt ist, stammt aus dem Jahr 1884.
Der Santa-Justa-Aufzug seinerseits überwindet einen Höhenunterschied von 32 Metern zwischen der Rua Aurea und der Carmo-Anhöhe. Der insgesamt 45 m hohe Eisenturm im neugotischen Stil, der 1902 eingeweiht wurde, ist ein Werk des portugiesischen Ingenieurs Raúl Mesnier du Ponsard, eines Schülers Gustave Eiffels. Gekrönt wird der Aufzug von einem Viadukt, über das man auf den Largo do Carmo gelangt.

## DER PRAÇA DO ROSSIO

*Stolzer Platz... groß, schön und sinnvoll angelegt*, so beschrieb Tirso de Molina treffend diesen Ort, an dem sich die ganze Geschichte und die dynamische Gegenwart Lissabons konzentrieren und in dessen Mitte ein Standbild Pedros IV., des ersten konstitutionellen Königs Portugals, steht, der von seinem Sockel aus auf die Fassade des Nationaltheaters und die Kirche São Domingos blickt, die die größte Lissabons ist und deren einziges Schiff sich auf rosafarbene Marmorsäulen stützt.
Der Praça do Rossio bietet mit seinen Brunnen, Blumenverkäufern und Kiosken, an denen man alle Tageszeitungen Europas erhält, mit seinen Cafés und mit dem merkwürdigen Bahnhofsgebäude, das ihn an einer Seite flankiert, ein wahrhaft anregendes Bild. Auf dem

*Der populäre Bahnhof am Rossio.*

Rossio ist alles Bewegung. Jedermann scheint von der unbezähmbaren Sehnsucht erfüllt zu sein, frei zu leben und die intensivsten Aromen des Lebens in vollen Zügen einzuatmen. Ein Menschengewimmel, das sich unaufhörlich hin und der wogt. Jeder betrachtet und wird betrachtet; jedoch belästigen die Blicke, die einen erfassen, hier nicht, eher scheint es, als würde man freundschaftlich gegrüßt. Der Rossio mit seinem ganz besonderen Charakter ist der einzige Ort in Lissabon, der nach der Zerstörung durch das große Erdbeben von 1755 nicht wiederaufgebaut wurde und dessen Gepräge aus der Zeit vor der Katastrophe im wesentlichen bis heute erhalten geblieben ist.

Genau hier am Praça do Rossio begann auch das demokratische Zusammenleben der Aristokraten, die das Kastell São Jorge bewohnten, mit den Geschäftsleuten, die sich um den Hafen herum niedergelassen hatten, und dem einfachen Volk. Bevor der Rossio befestigt wurde, fanden hier Viehmärkte und Pferderennen statt. Außerdem wurden hier die Schweine geschlachtet. Der freie Platz war so beliebt unter den Lissabonnern, daß die Stadtverwaltung im 13. Jahrhundert gegen König Dinis klagte, als dieser auf ihm Schlachthöfe und Geschäfte errichten lassen wollte, und das Recht des Volkes darauf einforderte, den Rossio auch weiterhin zu seiner Verfügung zu haben.

Die Geschichte des Platzes ist eng mit der der Stadt verbunden, und zwar sowohl hinsichtlich des alltäglichen Lebens als auch der großen, historischen Ereignisse. Die Lissabonner der guten Gesellschaft pflegten auf dem Rossio ihre Pferde zu tränken, den vorbeispazierenden jungen Mädchen mit ihren Blicken zu folgen und die letzten Gerüchte und Anekdoten des Hofes zu diskutieren.

In einer turbulenten Nacht während eines Aufstands der Lissabonner Bevölkerung wurde der Maestre de Aviz auf dem Rossio zum König erklärt. Ein weiteres historisches Ereignis, dessen Schauplatz der Praça do Rossio war, fand am Ostersonntag des Jahres 1506 statt, als bei einem drei Tage andauernden, fürchterlichen Blutbad 2000 Juden und der Ketzerei Beschuldigte gemeuchelt wurden.

Am Platz erhob sich seinerzeit der Inquisitionspalast, und zwar genau dort, wo sich heute das Städtische Theater befindet, dessen erster Direktor der berühmte portugiesische Dramaturg Gil Vicente war.

*Der Praça do Rossio.*

*Der Praça da Figueira mit dem Kastell São Jorge im Hintergrund.*

Im rosafarbenen Palast neben dem Theater nahm am 1. Dezember 1640 eine Verschwörung des portugiesischen Adels ihren Anfang, die zur Unabhängigkeit des Landes von Spanien führte. Der Rossio war im Verlauf der Geschichte stets ein Ort, an dem politische Konspirationen stattfanden. Mal ging es dabei gegen die Monarchie, dann gegen die Republik und schließlich gegen die Diktatur Salazars.

Der eigentliche Name des Praça do Rossio lautet übrigens nach dem König, dessen Statue sich in der Mitte des Platzes erhebt und der Lissabonner Bevölkerung die liberale Verfassung anbietet, die in Brasilien ausgehandelt und aufgesetzt wurde, Praça Dom Pedro IV. Aber der Wille des Volkes hat ihn unwiderruflich Rossio getauft und alle Welt kennt und nennt ihn so.

## DER PRAÇA DA FIGUEIRA

Dieser Platz liegt neben dem Rossio und ist von Straßen mit zahlreichen Kneipen und Restaurants umgeben, in denen man die guten portugiesischen Weine und einen köstlichen alten Weinbrand probieren kann.
Die Atmosphäre auf dem Praça da Figueira ist weniger unruhig und dynamisch wie die des Praça do Rossio. Hier herrscht eine größere Gelassenheit, auch wenn das Volkstümliche und das Historische ebenfalls eng miteinander einhergehen.
In der Mitte des Praça da Figueira erhebt sich ein Reiterstandbild Johanns I., und von der dem Schloß gegenüberliegenden Ecke des Platzes aus läßt sich am Horizont das unverkennbare Kastell São Jorge erkennen.

*Innenansicht des Museums Santo António und Bildnis des heiligen Antonius, Schutzpatron von Lissabon.*

## DIE KIRCHE SANTO ANTÓNIO

Diese Kirche befindet sich nahe der Kathedrale an der gleichen Stelle, an der das Senatsgebäude gestanden hatte, und wird vom Stadtrat verwaltet. Sie wurde zu Ehren des beliebtesten und höchstverehrten Heiligen der Stadt errichtet, der im September 1191 als Sohn Teresas und Martinhos geboren wurde. Die Krypta, in der der portugiesische Heilige, der als heiliger Antonius in Padua sterben sollte, auf den Namen Fernando de Bulhoes getauft wurde, ist noch erhalten. Die Legende berichtet, im Moment des Todes des Heiligen hätten alle Glocken Lissabons von selbst begonnen, zur Totenmesse zu läuten. Nachdem ein Erdbeben den ursprünglichen Kirchenbau zerstört hatte, wurde der sofortige Wiederaufbau mit Spenden und Almosen finanziert, die von Tür zu Tür ziehende Kinder bei den Lissabonnern sammelten. Die Bauarbeiten der neuen Kirche wurden von Mateus Vicente geleitet, dem Architekten, der auch die Lissabonner Basílica da Estrela und den Palast von Queluz errichtete.

*Die Fassade der Kirche Santo António.*

*Die Charola-Kapelle und das Grab von Lopo Fernandes Pacheco.*

*Der Kreuzgang der Kathedrale.*

*Die Fassade der Lissabonner Kathedrale.*

## DIE KATHEDRALE

Die Kathedrale ist eines der ältesten Baudenkmäler Lissabons. Die populäre Sé, ursprünglich erbaut während der Regierungszeiten Alfons I. des Eroberers und Sanchos I., mußte verschiedene Male teilweise neuerrichtet werden, nachdem sie von Erdbeben in Mitleidenschaft gezogen worden war. Trotzdem ist die stilistische Reinheit des ursprünglichen romanischen Entwurfs im wesentlichen bis heute erhalten geblieben. Einer der aktivsten Förderer der Errichtung der Kathedrale von Lissabon war, wie es scheint, der Engländer Gilbert Hastings, der auch der erste Bischof von Lissabon werden sollte.

Der Kreuzgang und die Joanes-Kapelle sind gotisch beeinflußt. Besonders sehenswert sind die romanischen Fenster der Fassade und die Gewölbe des Kirchenschiffs sowie die Sakristei, die Grabplatten –und zwar vor allem die des Sarkophags von Lopo Fernandes Pacheco–, das kostbare, vorzüglich romanische Gitter, das eine der Kapellen im künstlerischen gotischen Kreuzgang verschließt, die Vierung, der Transept und der Chorumgang mit seinen Grabmälern und Apsiskapellen. Die Struktur der Kathedrale erinnert in gewisser Weise an eine mittelalterliche Festung. Nach der teilweisen Zerstörung durch das große Erdbeben von 1755 zog sich ihr Wiederaufbau bis ins Jahr 1940 hin. Das auffallend elegante architektonische Profil läßt sich unweit der merkwürdigen Casa dos Bicos und der Kirche Santo António in der Nähe des Tejo bewundern.

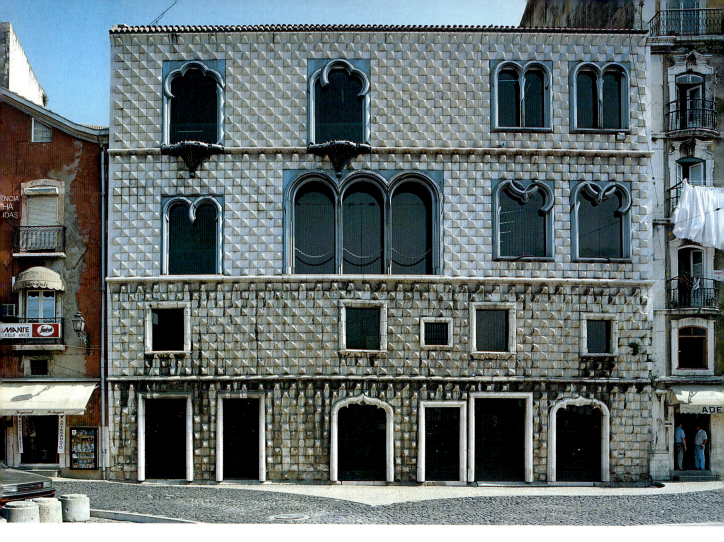

*Die Fassade des populären Casa dos Bicos.*

## DAS «CASA DOS BICOS»

Dieses einzigartige, auch «Casa dos Diamantes» (Haus der Diamanten) genannte Gebäude wurde von Dom Bras, dem Sohn des berühmten Alfonso von Albuquerque, errichtet, der im 16. Jahrhundert Gouverneur der portugiesischen Kolonien in Indien war. Es handelt sich um einen Renaissancebau, in dessen Fassade Zacken als ornamentales Motiv vorherrschen. Die Türbogen sind im manuelischen Stil gehalten.

Nach der teilweisen Zerstörung des «Casa dos Bicos» (Haus der Spitzen) durch das Erdbeben von 1755 waren zunächst nur zwei der ursprünglich vier Stockwerke wiedererrichtet worden. Erst 1983 restaurierte man die bis dahin fehlenden oberen zwei Etagen. Die Fassade des Gebäudes erinnert an das «Casa de los Picos» im spanischen Segovia und den «Pallazo dei Diamanti» im italienischen Ferrara.

## DAS KASTELL SÃO JORGE

Vom privilegierten Standort dieser Burg auf der höchsten Erhebung am breiten Mündungsbecken des Tejo aus überblickt man ganz Lissabon einschließlich aller Außenbezirke. Die Burg ist von jedem Punkt der Stadt aus sichtbar, und Lissabon erscheint durch ihre romantisch-hochmütige Architektur gekrönt und geadelt.

Das Kastell São Jorge wurde erbaut, bevor die portugiesische Nationalität begründet war, und ist das älteste Baudenkmal in Lissabon.

Bis heute erhalten sind die Mauern der Festung, die von der Zeit Alfons I. des Eroberers bis zu der Emanuels I. als königliche Residenz diente, sowie das Tor, an dem Martín Moniz sein Leben ließ, als er mutig gegen die Araber kämpfte die die herrschaftliche Burg verteidig-

*Teilansicht des Kastells São Jorge.*

ten. In der Nähe befindet sich die über einer ehemaligen Moschee errichtete Kirche Santa Cruz.
Neben dem Kastell kann die Statue des heiligen Georg bewundert werden, dessen Pferd stets unter den besten des Reiches ausgewählt wurde, seit König Sancho ihm seines testamentarisch hinterlassen hatte.
Die Terrassen und Türme der beeindruckenden mittelalterlichen Festung, die im Jahre 1947 anläßlich der 800-Jahr-Feier der Eroberung Lissabons durch die Christen meisterhaft restauriert wurde, stellen überragende Aussichtspunkte dar, von denen aus sich ein herrlicher, weiter Rundblick über den Tejo und die Stadt bietet.

*Panaroma des Kastells São Jorge.*

*Luftansicht des Lissabonner Hafens und Anleger.*

## DER HAFEN

Der Lissabonner Hafen, einer der wichtigsten der Welt, stellt einen vitalen Knotenpunkt für die Schiffahrt zwischen Europa, Afrika und Amerika dar. Die Kais, Dämme und Warenlager dieses in der riesigen Tejomündung gelegenen Hafens erstrecken sich über eine Fläche von nicht weniger als zwei Quadratkilometern.

Vom Aussichtspunkt Santa Catarina aus bietet sich ein weites, eindrucksvolles Panorama mit dem Tejo, den Kais und dem Hafen von Lissabon, dem der Blick, der sich aus der Höhe der Brücke des 25. April bietet, an Großartigkeit nicht nachsteht.

Die steilen Sträßchen des Bica-Viertels hinunterzusteigen, ist ein weiteres einzigartiges visuelles Erlebnis. Zu allen Seiten tauchen unregelmäßige Treppen auf, und allmählich bahnt sich der Blick wie durch ein prächtiges Kaleidoskop seinen Weg auf die Tejomündung. Unten spiegelt sich die uferlandschaft mit ihren Kränen, Schiffsmasten und Segeln auf der Wasseroberfläche, durchsetzt mit den Rüschen des Schaums, der sich in der leichten Brise, die durch den Hafen weht, bildet.

In den an den Hafen grenzenden Straßen häufen sich die Gaststätten, Bierschenken, Fischlokale, Restaurants und Tanzbars. Hier erlebt man eine gleichermaßen kosmopolitische und volkstümliche Atmosphäre, vermengt mit dem folkloristischen Charakter der Umgebung des Praça Duque da Terceira, in dessen Mitte sich eine Statue zum Gedenken an den Befreier Lissabons erhebt, der von seinem steinernen Sockel aus den Verkehr der pittoresken Straßenbahnen zu regeln scheint, und der belebten Straßen Rua Bernardino Costa, Rua do Alecrim, Rua de Remolares und Rua Nova do Carvalho.

Der Hafen Lissabons gehört zu den größten Attraktionen der Stadt, die der portugiesische Dichter João de Lemos im 19. Jahrhundert als «Prinzessin der weiten Meere» bezeichnete.

## DIE BRÜCKEN VON LISSABON

Nachdem er durch halb Spanien geflossen ist und Portugal durchquert hat, erreicht der Tejo Lissabon und formt ein breites Mündungsbecken, das als «Mar da Palha» (Strohmeer) bezeichnet wird. Dieser Name hat seinen Ursprung in den goldenen Reflexen, die die Sonne auf der Oberfläche des tiefen Wassers erzeugt. In unmittelbarer Nähe Lissabons erreicht der Fluß den riesigen Ozean, über den viele Völker den Ort, an dem sie die für Städte mit einem Flußhafen typische Handelsaktivität antrafen, erreichten. Aus diesem Grund identifiziert sich die portugiesische Hauptstadt auch vollkommen mit dem Tejo. *Cidade-río* (Flußstadt) nannte sie Mário Dias Ramos zutreffend im Titel eines Gedichts seines Bands *Morfogenia*.

Der Tejo säumt Lissabon auf einer Länge von fünfzehn Kilometern, und man darf wohl ohne Übertreibung behaupten, daß seine Präsenz in jedem Winkel der Stadt spürbar ist. Bis 1966 schnitt er die Stadt, die sich an beiden Ufern erstreckt, in zwei Teile, und man mußte eine Fähre benutzen, wenn man von einem in den

*Teilansicht der Stadt mit dem Tejo.*

anderen gelangen wollte. 1966 wurde dann die Brücke des 25. April eingeweiht, ein modernes Viadukt aus Eisen und Asphalt, mit dem endlich eine uralte Forderung der Lissabonner erfüllt wurde. Tatsächlich stammte das erste Brückenbauprojekt aus dem Jahr 1876, aber erst 1962 wurde, übrigens von jener Firma, die auch die berühmte Golden Gate Bridge und die Bay Bridge im nordamerikanischen San Francisco errichtet hatte, mit dem Bau begonnen. Die Ähnlichkeit zwischen diesen drei Brücken ist somit nicht zufällig. Mit zweieinhalb Kilometern war die Brücke des 25. April bei ihrer Einweihung die längste Europas, und aus ihrer Höhe von 60 Metern bietet sich bei der Überquerung eine der schönsten Aussichten auf Lissabons.

Ursprünglich hieß diese Brücke nach dem Diktator, der Portugal zur Zeit ihres Baus beherrschte, übrigens Salazar-Brücke. Mit der «Nelkenrevolution» am 25. April 1974 endete jedoch nicht nur die Amtszeit des damaligen Staatspräsidenten, sondern auch die Brücke wurde in ihrer Folge umbenannt.

Die Errichtung der Brücke des 25. April an einer der schmaleren Stellen des Mündungsbeckens des Tejo gab

*Die Brücke des 25. April.*

*Die Vasco de Gama-Brücke.*

der Stadt einen mächtigen Impuls. Mit ihrer Einweihung endete die jahrelange Isolation des südlichen Ufers, das nun aktiver in das Lissabonner Alltagsleben integriert wurde. Darüber hinaus stand den Bewohnern der Hauptstadt nunmehr ein schneller Weg zu den Stränden von Caparica, einem ihrer liebsten Ausflugsorte, zur Verfügung.

Bedeutete der Bau der Brücke des 25. April seinerzeit eine Herausforderung für den Ingenieurbau, so gilt das gleiche für die Vasco de Gama-Brücke, die anläßlich der Weltausstellung Expo '98 errichtet und 1998 eingeweiht wurde. Ihre Gesamtlänge beträgt sechzehn Kilometer, von denen dreizehn über dem Mündungsbecken des Tejo verlaufen. Die im Norden Lissabons ganz in der Nähe des Flughafens befindliche, neue Brücke bedeutet eine wesentliche Verbesserung für die Verkehrsinfrastruktur der Hauptstadt selbst und ihre Verbindung mit dem Rest des Landes.

Obwohl die beiden Brücken ihren Zweck, eine schnelle und bequeme Verbindung zwischen beiden Flußufern herzustellen, vollauf erfüllen, bleibt es ein echtes Vergnügen, den Tejo in einem Ausflugsboot zu überqueren. In der Mitte der Überfahrt erstreckt sich der immense Wasserspiegel soweit das Auge reicht, und es ist schwierig, zu sagen, in welcher Richtung die Flußmündung liegt.

# DIE KIRCHE SÃO VICENTE DE FORA

In dieser Lissabonner Kirche spiegelt sich der ausgeglichene Stil der portugiesischen Renaissance mit größter Reinheit wider. Die Kirche São Vicente, deren Wiederaufbau vom italienischen Architekten Terzi geleitet wurde, besitzt eine Fassade mit drei Säulengängen und zwei Türmen mit einer ausgewogenen und eleganten Linienführung und deutlichem römischen Einfluß.
Die Kirche wurde zu Ehren eines Heiligen errichtet, der einst in Lissabon sehr populär war. Eine sympathische Legende besagt, daß im Jahre 1173 in einem der Tejoarme ein Boot ohne Ruderer und Ruder auflief, das von zwei Raben gesteuert wurde und in dem sich der Leichnam des heiligen Vinzenz befand, der in der Provinz Algarve von den Arabern gefoltert worden war. Nachdem man die sterblichen Überreste des Heiligen an einen sicheren Ort gebracht hatte, flogen die beiden Raben zur Kathedrale von Lissabon und bauten in einem ihrer Türme ihr Nest.

*Die Fassade der Kirche São Vicente de Fora und Standbild des populären Lissabonner Heiligen.*

*Das Nationalpantheon.*

## DIE KIRCHE SANTA ENGRÁCIA

Die Kirche Santa Engrácia, auch bekannt als Nationalpantheon, ist eines der besten Beispiele für das portugiesische Barock. Ihre Errichtung begann im 17. Jahrhundert. Der Innenraum wurde in den sechziger Jahren umgestaltet, um als Pantheon für berühmte portugiesische Persönlichkeiten zu dienen. Umbauten dieser Art sind übrigens über die dreihundert Jahre des Bestehens der Kirche hinweg eine Konstante gewesen. Darauf nimmt auch die Metapher des «Baus der Santa Engrácia» Bezug, mit der sich die Lissabonner auf einen Zustand oder eine Arbeit beziehen, die kein Ende zu nehmen scheint.

Das große Marmorgebäude wird von einer Kuppel gekrönt, deren in 80 Meter Höhe befindlicher Sockel im Fahrstuhl erreichbar ist. Von der riesigen Terrasse aus bietet sich ein schöner Rundblick auf Lissabon und den Tejo. Den Portikus des Eingangsbereichs säumen vier mächtige Säulen, und der Innenraum der Kirche weist den klassischen Grundriß eines griechischen Kreuzes mit vier Schiffen mit halbrunden Stirnseiten auf.

## DER «FERIA DE LADRA»

Seit 1882 findet in Lissabon jeden Dienstag und Sonnabend der populäre Flohmarkt «Feria de Ladra» (Diebesmarkt), der älteste Markt der Stadt, statt. An diesen Tagen wimmelt es auf dem Campo de Santa Clara und in der Umgebung von São Vicente de Fora und Santa Engrácia von Menschen, die unter den Artikeln, die auf dem improvisierten Markt angeboten werden, nach etwas Interessantem Ausschau halten.
Der Ursprung dieser Tradition ist ungeklärt, wenn auch der Name «Diebesmarkt» möglicherweise einen Hinweis gibt. Fest steht, daß der Markt bereits in den ersten Tagen nach der Eroberung durch die christlichen Truppen stattfand hat.

*Diverse Ansichten vom Flohmarkt «Feria da Ladra».*

*Das Alfama-Viertel.*

## ALFAMA

In diesem alten Lissabonner Viertel, das vielen das malerischste, faszinierendste und liebste der Stadt ist, gehen Chaos und Schönheit miteinander einher. Schmale, gewundene Straßen, winzige Höfe, Freitreppen und Gäßchen, die nirgendwohin führen, bilden ein wahrhaftes Labyrinth, das die Besucher unweigerlich in seinen Bann zieht. Die ersten Häuser wurden hier bereits während der Herrschaftszeit der Westgoten errichtet, auch wenn das Straßenmuster, das über die Jahrhunderte hinweg erhalten geblieben ist, dem jener Zeit entspricht, als die Mauren den Ort besetzt hielten. Auf die Maurenzeit geht auch der Name *Alfama* zurück, der sich von *al-hamma*, dem arabischen Wort für heiße Quellen, herleitet. Nach der Eroberung durch die christlichen Truppen wurde das Viertel im 13. und 14. Jahrhundert von bescheidenen Fischer- und Seemannsfamilien besiedelt. Im 16. Jahrhundert ließen sich dann auch Mitglieder des portugiesischen Adels hier nieder, die dem Zauber verfallen waren, den auch noch der verborgenste Winkel Alfamas ausstrahlt. Das Viertel gehörte zu den wenigen Lissabons, die beim großen Erdbeben von 1755 von massiven Zerstörungen verschont blieben.

Ein Besuch Alfamas ist wie eine Zeitreise. Viele der Gebäude, die zum Teil noch aus dem 16. Jahrhundert stammen, scheinen sich mit ihrer Neigung dem Gesetz der Schwerkraft widersetzen zu wollen. Ihre Dächer berühren mitunter sogar die der gegenüberstehenden Häuser. Und wenn der Tag zu Ende geht, dringen den Nachtschwärmern die melancholischen Melodien des Fado in die Ohren. Während der Feiern zu Ehren der «Populären Heiligen» im Juni werden die Balkons mit Basilikum und die Straßen mit Papierballons geschmückt.

*Der Largo Martin Moniz.*

*«Der heilige Hieronymus» von Albrecht Dürer aus dem Bestand des Museums für Alte Kunst.*

## DAS MUSEUM FÜR ALTE KUNST

Das wichtigste Museum Portugals befindet sich in einem herrlichen Park nicht weit vom Tejo und ganz in der Nähe des ehemaligen Königspalastes. Zu den bedeutendsten Werken des Museums für Alte Kunst –oder «Museum der Grünen Fenster»– zählen «Die Versuchung des heiligen Antonius», eines der bekanntesten Bilder von Hieronymus Bosch, «Der Lebensborn» von Holbein, ein «Heiliger Hieronymus» von Dürer, diverse Gemälde von Velazquez, der übrigens portugiesischer Abstammung war, und Ribera sowie eine herrliche Sammlung von Werken portugiesischer Primitiver, unter denen die prächtigen Tafelgemälde von Nuno Gonçalves hervorragen, aus denen sich das berühmte «Polyptychon des heiligen Vizenz» zusammensetzt. Dieses stellt eine interessante Allegorie dar, auf der der Schutzheilige Lissabons von einer bunt gemischten Menge von Soldaten und Händlern, Mönchen und gemeinem Volk, Rittern und Prinzen umringt erscheint, in der auch der Infant Heinrich der Seefahrer zu erkennen ist. Weitere wichtige Stücke sind die prächtigen, von Gil Vicente aus Quíloa-Gold gefertigten Monstranzen, die aus verschiedenen Klöstern des Landes stammenden Retabel, das als schönstes Europas geltende Silbergeschirr und andere Geschmeide sowie die Keramik- und die Wandteppichsammlung. Erwähnt werden sollten außerdem die zahlreichen Skulpturen, die die künstlerischen Bestände des Museums bereichern.

Das Museum für Alte Kunst befindet sich in der Rua das Janelas Verdes (dt.: Straße der grünen Fenster), deren Name an das Gedicht von José Newton mit dem Titel *De uma janela de Lisboa, em manhã de Maio* erinnert, dessen erste, schöne Zeile lautet: *Do curvo céu, no fundo azul, há nuvens...*

«Die Versuchungen des heiligen Antonius» von Hieronymus Bosch im Museum für Alte Kunst.

Das «Polyptychon des Infanten» von Nuno Gonçalves.

# DER NECESSIDADES-PALAST

Dieser ehemalige Königspalast wurde zwischen 1745 und 1750 auf König Johanns V. unter Leitung des Architekten Caetano Tomás de Sousa errichtet. Er war die offizielle Residenz der portugiesischen Monarchen, bis König Emanuel II. Portugal im Jahre 1910 verließ und die Monarchie abgeschafft wurde. Heute beherbergt der Necessidades-Palast den Sitz des portugiesischen Außenministeriums.

Der Palast ist von prächtigen Gärten umgeben, in denen eine Vielzahl exotischer Pflanzen blüht. Die Kunstwerke, die einst das Innere des Palastes schmückten, wurden auf verschiedene portugiesische Museen und die Paläste in Ajuda, Queluz und Sintra verteilt.

Das Gebäude steht am Platz gleichen Namens, in dessen Mitte ein Brunnen aus dem Jahr 1747 in Form eines Obelisken aufragt.

Nicht weit entfernt vom Palácio das Necessidades liegt die Kirche São Francisco de Paula, in der sich das Grabmal Mariana Vitórias, der Gattin Josephs I., befindet.

*Die Fassade des Necessidades-Palastes.*

*Zwei Ansichten des Hieronymitenklosters.*

## DAS HIERONYMITENKLOSTER

Das Kloster und die Kirche Os Jerónimos, wahrhafte Wunderwerke der portugiesischen Renaissancekunst, wurden zu Beginn des 16. Jahrhunderts erbaut und zwar am gleichen Ort, an dem früher ein Altar zu Ehren der Schutzpatronin der Seeleute, Nossa Senhora dos Navegantes, gestanden hatte, vor dem Vasco da Gama vor seiner historischen Reise nach Amerika betend eine ganze Nacht verbracht.

Die großen Reichtümer, die Vasco da Gama aus den von ihm entdeckten Ländern mit brachte, wurden zum großen Teil zur Errichtung des prächtigen Gebäudekomplexes Os Jerónimos verwendet. Wundersamerweise blieb dieser vom großen Erdbeben von 1755 verschont und

*Portal der Hieronymitenkirche.*

*Teilansicht des Kreuzgangs des Hieronymitenkirche.*

*Das Hauptschiff der Hieronymitenkirche.*

stellt heute das wertvollste und repräsentativste Denkmal der manuelischen Epoche dar. In Os Jerónimos ergänzen sich der gotische und der Renaissancestil harmonisch. Wegen ihrer vielgerühmten Schönheit verdienen der großartige, zum Tejo hin ausgerichtete Portikus an der Südseite der Kirche, das Portal auf der Brückenseite –ein wahres architektonisches Filigran–, das Gewölbe mit seinen eleganten Pfeilern und der kunstvolle Kreuzgang besondere Aufmerksamkeit. Der vollständige Komplex erweckt trotz seines überschwenglichen künstlerischen Reichtums den Eindruck eines ausgewogenen Bauwerks mit einem ausgesprochen eigenen Charakter. Unter den Gräbern im Kirchenschiff ragen die von Fernando Pessoa, Vasco da Gama und Camões heraus. Letzteres ist allerdings seit 1755 leer, als das schreckliche Erdbeben die Asche des genialen Interpreten der *Lusiadas* in alle Himmelsrichtungen verteilte.

Bis vor kurzem begann am südlichen Portikus der Hieronymitenkirche einmal im Jahr die volkstümliche Prozession der Kabeljaufischer, die sich den Schutz ihrer Patronin erbaten, bevor sie sich aufs Meer hinauswagten.

Das Innere des Gotteshauses wird vom Sonnenlicht erhellt, als wären seine Wände in wundersamer Weise durchscheinend. Diese Helligkeit kommt aus dem hohen, kahlen Gewölbe, das das Tageslicht in den gesamten Innenraum der Kirche streut. Die Säulen im Kirchenschiff weisen eine romantische Blässe auf, die an Stalagmiten erinnert.

Als sich Vasco da Gama und seine Mannschaft zu ihrem Abenteuer in die fernen Länder aufmachten, die sie dem portugiesischem Reich, das damals zu den größten der Welt gehörte, einverleiben sollten, kamen sie nach der Audienz beim König hierher, um vor der Figur der Nossa Senhora dos Navegantes niederzuknien und sie um ihren Beistand für die geplante Reise zu bitten.

Ansicht des Belém-Turms.

Denkmal zum Gedenken an die Entdeckungen und den Infanten Heinrich in Belém.

## DER TURM VON BELÉM

Der zwischen 1515 und 1521 als Festung zur Bewachung der Tejomündung erbaute Turm von Belém ist eines der charakteristischsten Denkmäler der glanzvollen manuelischen Zeit. In der Dekoration des eleganten Gebäudes finden sich die verschiedensten Symbole für den Seefahrersinn der Portugiesen, und insgesamt repräsentiert es beispielhaft die Zeit und die Figur Dom Emanuels des Glücklichen.

Am architektonischen Gesamtwerk, entworfen vom großen Künstler Francisco de Arruda, fällt besonders die ausgeglichene Proportionierung seiner Struktur auf. Die strenge, militärische Linie der Außenseite harmoniert perfekt mit der subtilen Eleganz des gotischen Innenbereichs.

Der Belém-Turm, dessen zinnenbewehrtes Profil früher inmitten des Tejo aufragte, gehört zu den typischsten und attraktivsten Denkmälern Lissabons und gehört als solches zu den beliebtesten Zielen seiner Besucher.

Der alte Festungsbau hat sich mit seinen maurischen Kuppeln und schönen Balkons seinen ganzen Anmut bewahrt, und von den unvergleichlichen, weißen Mauern geht nach wie vor ein poetischer Hauch der Vergangenheit aus.

In der Nähe des Turms von Belém steht das 52 m hohe Denkmal für die Entdeckungen, eine kleine Hommage der Stadt Lissabon für all jene Portugiesen, die im 15. und 16. Jahrhundert an den langen Überseefahrten teilnahmen. Die Form des 1960 errichteten Denkmals erinnert an den Bug eines gerade auslaufenden Schiffes.

*Das Schiffahrtsmuseum.*

## DAS SCHIFFAHRTSMUSEUM

Das modernste Museum Lissabons liegt an der Praça do Imperio. Der Museumsbestand umfaßt interessante Sammlungen von Karavellen, Booten und allen möglichen sonstigen portugiesischen Wasserfahrzeugen sowie Schiffsmodellen, Geschützen, Waffen, Uniformen und den verschiedensten nautischen Instrumenten aus diversen Epochen. Besonders erwähnenswert sind die Sammlung königlicher Galeeren, der von Gago Coutinho erfundene Sextant und das erste Wasserflugzeug, mit dem eben jener mit seinem Gefährten Sacadura Cabral zum ersten Mal den Atlantischen Ozean überflog.

Das Schiffahrtsmuseum liegt in eindrucksvoller Umgebung in einem sehr gepflegten, geräumig und modern strukturierten Stadtteil, der durch den Hieronymitenkomplex und den Turm von Belém geschichtliche und künstlerische Würde erhält. In den Museumsräumen verspürt man den mutigen portugiesischen Geist, und beim Betrachten der alten Boote, Kanonen und Waffen der Seeleute kann man leicht den wunderbaren Impuls nachvollziehen, der die Portugiesen als Bewohner eines kleinen, aber achtenswerten Landes dazu brachte, enorme Gebiete zu entdecken und zu erobern, die Tausende von Seemeilen von der heimatlichen Küste entfernt liegen, ein Reich von eindrucksvollen Ausmaßen zu schaffen und es über Jahrhunderte hinweg, bis ins 20. Jahrhundert hinein, ausdauernd zu verteidigen. Im Schiffahrtsmuseum in Lissabon sieht sich der Besucher der Größe eines berühmten Volkes gegenübergestellt, das es fertiggebracht hat, aus eigener Kraft mit Glanz in die Geschichte einzugehen.

*Im Schiffahrtsmuseum ist eine bedeutende Sammlung von Schiffen, Schiffsmodellen und nautischen Instrumenten aller Epochen zu sehen.*

*Ein Saal im Nationalmuseum für Archäologie und Ethnologie.*

## DAS NATIONALMUSEUM FÜR ARCHÄOLOGIE UND ETHNOLOGIE

Das heutige Nationalmuseum für Archäologie und Ethnologie (Museum des Dr. Leite de Vasconcelos) wurde 1893 als «Portugiesisches Ethnographisches Museum» von Dr. José Leite de Vasconcelos Pereira de Melo gegründet. Dem vorherrschenden wissenschaftlichen Geist der damaligen Zeit entsprechend sollte das Museum einerseits den materiellen Bereich des Lebens der Portugiesen darstellen und andererseits mittels einer ständigen Ausstellung von Objekten aus allen Epochen der portugiesischen Kultur zur besseren Kenntnis der Ursprünge, des Lebens und der Besonderheiten dieses Volkes beitragen.

So wurden die beiden ersten Abteilungen des Museums – «Vorgeschichtliche und historische Archäologie» und «Moderne Ethnographie» – um eine für «Alte und moderne Anthropologie» und eine «Komparative Abteilung» ergänzt.

1897 nahm das Museum den Namen «Portugiesisches Ethnologisches Museum» an, und seit 1903 befindet es sich seinem heutigen Gebäude, dem Hieronymitenkloster, wo es seit dem 22. April 1905 dem Publikum zugänglich ist. So entwickelte sich das Portugiesische Ethnologische Museum von jenem Moment an zu einer der auf nationalem und internationalem Niveau bedeutendsten und angesehensten archäologischen und ethnologischen Forschungsstätten. 1928 wurde Prof. Dr. Manuel Heleno Nachfolger von José Leite de Vasconcelos und änderte bei dieser Gelegenheit den Namen des Museums zu Ehren seines Gründers in «Ethnologisches Museum Dr. Leite de Vasconcelos». Von nun an, und auch später unter Helenos Nachfolger, Prof. Dr.

Fernando de Almeida, erlebte die archäologische Arbeit des Museums durch Ausgrabungen im ganzen Land einen kräftigen Impuls. Durch die Aufnahme der jeweiligen Funde in den Museumsbestand bekamen die Archäologiesammlungen auf Kosten der übrigen, besonders der ethnographischen, einen stets größeren Stellenwert.

Unter der Leitung von Prof. Dr. Fernando de Almeida erhielt das Museum seine heutige Bezeichnung «Nationalmuseum für Archäologie und Ethnologie – Ethnologisches Museum Dr. Leite de Vasconcelos». Infolge verschiedener Umstände wurde das Museum 1979 geschlossen und im Jahre 1980 wieder für das Publikum geöffnet. Seitdem hat unter der Leitung von Dr. Francisco J. S. Alves eine Umstrukturierung stattgefunden, in deren Rahmen die Sammlungen neu eingerichtet und in besondere Abteilungen aufgeteilt, der Konservations- und Restaurationsdienst reorganisiert, Abteilungen für Paläökologie (Geoarchäologie, Altbotanik und Altzoologie) und Unterwasserarchäologie eingerichtet und neue Ausstellungsräume geschaffen wurden. Eine weitere Maßnahme betraf die Neuordnung der Bibliothek, die zu den wichtigsten des Landes im Bereich der Archäologie zählt, wodurch ein neuer Anstoß zum Erwerb archäologischer Bibliographie und zu ihrem Austausch mit anderen nationalen und ausländischen Institutionen sowie zur Wiederveröffentlichung der 1895 gegründeten Museumszeitschrift «Der Portugiesische Archäologe» gegeben wurde.

*Mosaik im Nationalmuseum für Archäologie und Ethnologie.*

*Der Praça Dom Afonso de Albuquerque mit dem Belémpalast.*

## DAS KUTSCHENMUSEUM

Dieses in Belém am Praça Afonso de Albuquerque gelegene Museum hat die vielfältigste Sammlung alter Karossen zu bieten, die sich der anspruchsvolle Kutschenliebhaber vorzustellen vermag. Die Eleganz der anmutigen Silhouetten dieser Fahrzeuge, unter denen Luxuswagen aus dem 17., 18. und 19. Jahrhundert überwiegen, fegt jeden Anflug eines anachronistischen Eindrucks auf zauberhafte Weise sofort hinweg. Das Museum besitzt auch die wichtigsten Kutschen des portugiesischen Hofes, unter denen aufgrund ihrer Originalität die von Philipp II., die älteste der Sammlung, und die von Johann V., die luxuriöseste und herrschaftlichste von allen, herausragen.

*Momentaufnahme einer Wachablösung.*

*Prachtwagen im Kutschenmuseum.*

*Eine Ansicht aus dem Kutschenmuseum.*

*Saal für spanische Wandteppiche im Nationalpalast von Ajuda.*

*Saal Johanns IV. (Nationalpalast von Ajuda). Die Gemälde zeigen die Krönung Johanns IV. zum König.*

## DER NATIONALPALAST VON AJUDA

Der Bau dieser ehemaligen königlichen Residenz, die heute gelegentlich vom portugiesischen Staatspräsidenten für Staatsakte genutzt wird, begann 1802 und endete 32 Jahre später, ohne daß die ursprüngliche Planung der Architekten Francisco Xavier Fabri und José Da Costa in diesem Zeitraum komplett ausgeführt worden wäre.

Der Nationalpalast nimmt den Platz eines älteren, hölzernen Palastes ein, der 1794 einem Brand zum Opfer fiel. Merkwürdigerweise war dieser hölzerne Bau errichtet worden, um der königlichen Familie vorübergehend als Ersatz für den beim großen Erdbeben von 1755 zerstörten Ribeira-Palast, die damalige Hauptresidenz der portugiesischen Monarchen, zu dienen.

Der Bau kombiniert das Barock mit dem Klassizismus. In der Mitte der in den Originalplänen der Architekten als eine Seitenfront des Gebäudes vorgesehenen Kalksteinfassade befindet sich der Palasteingang. Die drei großen Fenster im Obergeschoß sind durch dorische Säulen voneinander getrennt.

In den prächtigen Sälen des Palastes sind das Mobiliar der königlichen Familie und wertvolle Sammlungen von Gegenständen, die aus anderen Palästen stammen, zu besichtigen. In der Eingangshalle fallen die rund fünfzig Marmorstandbilder auf.

Von besonderem Interesse sind zudem die Wand- und Deckengemälde von Künstlern wie Vieira Portuense, Domingo Sequeira und Cirilo Machado, die persischen Teppiche und die spanischen Gobelins.

## DAS STADTMUSEUM

Dieses Museum ist vorübergehend im eleganten Mitra-Palast in Marvila, einem ehemaligen Bischofssitz, untergebracht. Im Eingangshof befindet sich ein römisches Grabmal. Der bedeutende Bestand des Stadtmuseums ermöglicht es, die Geschichte Lissabons und seine städtebauliche Entwicklung nachzuvollziehen.

Sehr interessant sind die Sammlungen von Gemälden, Stichen und Urkunden zur Stadtgeschichte, vor allem aus dem 17. bis 19. Jahrhundert; aber auch die völkerkundliche Sammlung ist eine besondere Erwähnung wert.

*Eine Ansicht aus dem Alfama-Viertel im Basrelief (Stadtmuseum).*

## DIE BASÍLICA DA ESTRELA

Mit der Errichtung dieser Kirche, die auch den Namen Herz-Jesu-Basilika trägt, wurde im Jahre 1779 auf Initiative Königin Marias I., der Gattin des Prinzgemahls Pedro III., begonnen, die so das Gelübde erfüllen wollte, das sie für den Fall abgelegt hatte, daß ihr ein Sohn geboren würde. Die Architekten, die die Bauarbeiten leiteten, waren Mateus Vicente und Manuel Reynaldos, die sich an der architektonischen Linie des Mafra-Klosters orientierten.

Die Fassade der Estrela-Basilika besteht aus zwei Tür-

*Die Basílica da Estrela.*

men und einem hohen Kuppelgewölbe und ist mit allegorischen Figuren und Heiligenstatuen von Machado de Castro geschmückt. Der Innenraum ist reich dekoriert, und am Hochaltar befindet sich ein Gemälde des Herzens Jesu Christi.

In einem gläsernen Sarg kann der Leichnam des heiligen Exuperius betrachtet werden, der sich in den römischen Katakomben befand und den Pius VI. Portugal im Jahre 1791 vermachte. Ebenfalls sehenswert ist das Grabmal der Königin Maria, das lateinische Inschriften aufweist.

Die Basílica da Estrela stellt schließlich auch einen hervorragenden Aussichtspunkt dar, von dem aus sich eine großartige Aussicht auf Lissabon bietet, wie es sich am Ufer des Tejo erstreckt.

*Der Jardim da Estrela.*

## DER PALAST DER VERSAMMLUNG DER REPUBLIK

Früher gehörte dieses Gebäude zum Kloster São Bento. Ende des 19. Jahrhunderts wurde es dann unter Leitung des Architekten Ventura Terra vollständig zum Parlamentssitz umgebaut und später, im Jahr 1935, erneut restauriert. Der Palast der Versammlung der Republik weist eine prunkvolle Fassade auf, und in sein Inneres gelangt man über eine Freitreppe herrschaftlichen Ausmaßes. Innerhalb des Gebäudes fällt neben dem «Saal der verlorenen Schritte», der von João Vaz e Columbano dekoriert wurde, von dem auch verschiedene Porträts herausragender Persönlichkeiten der portugiesischen Politik stammen, der geräumige, mit Gemälden und Statuen geschmückte, halbrunde Sitzungssaal auf. Der Palast beherbergt auch die Nationalarchive aus dem Torre do Tombo, einen wertvollen Besitz, der unter anderem das *Livro de horas de Dom Duarte* (Dom Duartes Stundenbuch) aus dem 15. Jahrhundert sowie eine Bibel aus dem 16. Jahrhundert und 60 illustrierte Manuskripte der *Leitura Nova* umfaßt.

*Die Fassade des Palastes der Versammlung der Republik.*

*Der Aussichtspunkt Santa Catarina.*

## DIE LISSABONNER AUSSICHTSPUNKTE

Lissabon ist die Stadt der Aussichtspunkte. Man könnte sagen, daß es, in seine eigene Schönheit verliebt, Wohlgefallen daran findet, von einem der strategisch gelegenen Warttürme aus immerfort sein eigenes Abbild zu betrachten.

Vom Aussichtspunkt der Festung São Jorge aus bietet sich ein herrlicher, weiter Rundblick auf die stufenartig angelegte Umgebung mit São Vicente, der Kathedrale, dem Mouraria-Viertel mit seinen bezaubernden mittelalterlichen Bauten, dem Praça do Comércio und dem Rossio zur einen Seite und Graça, dem Monte de São Gens, dem Penha de França, dem Carmo, der Kirche São Roque, Campolide, Almada, den Campos do Ribatejo usw. zur anderen.

Ein anderer prächtiger Aussichtspunkt ist der von São Pedro de Alcántara nahe dem Bairro Alto, von dem aus man den nördlichen und östlichen Teil Lissabons überblickt und zu dessen Füßen die elegante Avenida da Liberdade liegt. Weitere herrliche Perspektiven bieten sich von den Aussichtspunkten in Santa Luzia –in der Nähe des Castelo de São Jorge und des Stadtteils Alfama–, Monsanto, Senhora do Monte und Santa Catarina sowie generell von jedem der siebzehn Aussichtspunkte, die sich über die Stadt erheben.

*Der Saal König Josephs und Silberwaren aus dem 18. Jahrhundert im Museum für Dekorative Künste.*

## DAS MUSEUM DER DEKORATIVEN KÜNSTE

Das Museum gehört der Stiftung Ricardo Espírito Santo und ist in einem schönen Palast aus dem 17. Jahrhundert in der Nr. 90 der Rua São Tome untergebracht. Dieser Palast, der zu den ältesten in Lissabon zählt, gehörte den Grafen von Arnoso. Die Bestände des Museums der Dekorativen Künste umfassen interessante Möbelsammlungen aus verschiedenen Epochen, wertvolle Wandteppiche, Keramikarbeiten, Schmuck und alte Stiche. Die der ursprünglichen Planung entsprechende Raumaufteilung des Palastes und die geschmackvolle Dekoration der Säle machen aus dem Museum einen Ort, an den man sich leicht in die Vergangenheit zurückgesetzt fühlt.

*Eine weitere Ansicht aus dem Museum für Dekorative Künste.*

*Der Saal des Infanten Heinrich im Militärmuseum.*

## DAS MILITÄRMUSEUM

Das 1842 gegründete Militärmuseum befindet sich am Largo do Museu de Artilharia. Es handelt sich um ein höchst interessantes Museum mit wertvollen Gemälde- und Skulpturensammlungen und diversen Artilleriewaffen aus verschiedenen Epochen. Bemerkenswert ist auch die Sammlung von Militäruniformen, die die portugiesischen Soldaten bei ihren Afrikafeldzügen sowie in den Kriegen gegen die napoleonischen Truppen und den Bürgerkriegen des 19. Jahrhunderts trugen.

Die verschiedenen Säle des Militärmuseums sind für ihren Zweck bestens geeignet, und die Sammlungen bieten zusammen einen Einblick in die historische Entwicklung der militärischen Einrichtungen in Portugal.

In gewisser Weise könnte man sagen, daß im Militärmuseum der patriotische Geist der portugiesischen Nation symbolisch präsent ist, dieser bewundernswerte Geist, der von Camões in *Os Lusíadas* besungen wurde und den auch Gil Vicente in poetische Zeilen gefaßt hat:

*Cobrai fama de ferozes,*
*Não de ricos, que é perigosa!*
*Dourai a pátria vossa*
*con mais nozes que vozes.*
*Avante, avante, Lisboa!*

*Eine Ansicht des Vasco de Gama-Saals.*

*Die Kirche Madre de Deus.*  *Innenansicht der Kirche Madre de Deus.*

## DIE KIRCHE MADRE DE DEUS

Diese Kirche gehörte einst zu dem Kloster, das 1509 von Königin Leonor, der Witwe Johanns II. und Schwester König Emanuels I., gegründet worden war. Später wurde sie unter Johann III. umgestaltet. Es handelt sich hier um eines der gelungensten Beispiele der religiösen Architektur der manuelischen Epoche, einer Zeit, die einen fundamentalen Markstein für die Stadtentwicklung in Lissabon bildete. Die Kirche Madre de Deus weist ein schönes, manuelisches Portal mit den Hoheitszeichen Johanns II. und Königin Leonors auf. Besonders erwähnenswert ist der Kreuzgang im Renaissancestil, in dem eine interessante Sammlung alter Fliesen in unterschiedlichen, originellen Farbtönen bewundert werden kann. Infolge des verheerenden Erdbebens, von dem Lissabon 1755 heimgesucht wurde, erlitt die Kirche schwere Beschädigungen. Sie gehörte zu den Gebäuden, die damals zwischen den Stadtmauern eingeklemmt wurden. Die Fassade des Tempels wurde erst 1873 freigelegt und nach dem berühmten Retabel von Gregório Lopes, das sich heute im Museum für Alte Kunst befindet, rekonstruiert.

Im Inneren des Kirchenbaus fällt das große Schiff aus dem 18. Jahrhundert auf. Auch die Kapelle ist hochinteressant. In ihr werden neben mehreren wertvollen Gemälden portugiesischer Primitiver verschiedene Reliquien bewahrt, unter denen die der heiligen Anna, die in Köln zusammen mit der heiligen Gertrud und ihren elftausend Gefährtinnen gemartert wurde, einen besonderen Stellenwert besitzen. Gregório Lopes malte die Geschichte der heiligen Anna und die Ankunft ihrer Reliquien in Xábregas, und Maximilian von Österreich schenkte diese Gemälde Königin Leonor, als sie das Kloster Madre de Deus gründete. Die Mauern des Seitenchors, der der

ursprünglichen, zu Lebzeiten Leonors entstandenen Kapelle entspricht, sind mit sevillanischen Kacheln aus dem 16. Jahrhundert geschmückt, und in ihrem Inneren wird ein Reliquienschrein aus dem 18. Jahrhundert aufbewahrt. In der Sakristei, die gegen Mitte des 17. Jahrhunderts erbaut wurde, befinden sich einige Gemälde aus dem 16. Jahrhundert und diverse andere von Gonçalves, einem im 18. Jahrhundert aktiven Künstler. Die Kirche Madre de Deus steht mit der tiefgreifenden Veränderung der portugiesischen Hauptstadt während der Herrschaftszeit Dom Emanuels im engen Zusammenhang und stellt, obwohl sie zu großen Teilen wiedererbaut wurde, eines der repräsentativsten Beispiele jener Glanzepoche der Geschichte Portugals dar. Lissabon war damals die Hauptstadt eines großen, in stürmischer Entwicklung begriffenen Reiches, dessen Besitztümer über fast den ganzen Globus verteilt lagen. Das Erdbeben von 1755 ließ nur zwei Denkmäler des manuelischen Lissabon unbeschädigt: die Klosteranlage der Hieronymiten und den Turm von Belém. Die Kirche Madre de Deus, die teilweise erhalten blieb, trägt durch ihre Präsenz dazu bei, daß sich die Großartigkeit jenes Lissabons, das zu Mitte des 18. Jahrhunderts vom Erdbeben so schwer beschädigt wurde, noch heute nachvollziehen läßt.

*Der Chor der Kirche Madre de Deus.*

*Außenansicht der Stierkampfarena Praça do Campo Pequeno in Lissabon.*

## DER STIERKAMPF

Der Stierkampf ist in Portugal, und besonders in Ribatejo, fest verwurzelt. Der Unterschied zum spanischen Stierkampf besteht darin, daß es hier nicht erlaubt ist, den Stier zu töten. Trotzdem ist der Kampf zwischen Mensch und Tier auch in den portugiesischen Arenen attraktiv und glanzvoll.

Beim Stierkampf zu Pferde kleidet sich der Reiter nach dem Brauch des 18. Jahrhunderts, der Epoche also, in dem Stierkämpfe in Portugal zur Gewohnheit wurden. Das malerische Schauspiel beginnt mit dem Auftritt der Reiter, *bandarilheiros* und *forcados* in der Arena. Die Mitglieder der Mannschaft begeben sich zu Fuß vor die Tribüne des Präsidenten und begrüßen die Obrigkeit. Danach wenden sich die Reiter mit dem Dreispitz in der Hand nach links und rechts, um das Publikum zu begrüßen, und führen unter musikalischer Begleitung verschiedene Übungen der portugiesischen Stierkampfschule vor.

Die im spanisch-arabischem Stil gehaltene Stierkampfarena von Lissabon befindet sich auf dem Campo Pequeno an der Avenida da República und mißt 5000 Quadratmeter.

*Der Park Eduard VII.*

*Der Praça Marquês de Pombal.*

## DER «ESTUFA FRIA»

Der Park «Estufa Fria» (Kaltes Treibhaus) wurde im Jahr 1910 in den Höhen des Parque de Eduardo VII angelegt. Der Urheber des Projektes, Raul Carapinha, ein bekannter portugiesischer Architekt und Maler, nutzte zu seiner Anlage eine bereits vorhandene Höhlung in einem Felsen. Das Estufa Fria wurde 1926 erweitert und 1930 offiziell eingeweiht. Später errichtete man am höchsten Punkt des Gartens ein überdachtes Theater, ein Gebäude mit nüchternen, eleganten Linien, in dem Konzerte, Ballett, Theater und andere Vorstellungen veranstaltet werden.

Im Estufa Fria wachsen in einem herrlichen natürlichen Rahmen und in großer Vielfalt die schönsten Vertreter der Flora Portugals und der Tropen. Es handelt sich hier um ein echtes Paradies, einen Ort der Ruhe und des Friedens, eine poetische Oase inmitten der Stadt.

Der herrliche Garten, eine wahrhafte Traumlandschaft, ist von der Umgebung durch ein originelles System von Wänden und Balkendecken abgetrennt, die ihn vor der Winter- und Sommerwitterung schützen und zu große Temperaturschwankungen verhindern. Hier hat auch der eigentümliche Name des Gartens seinen Ursprung.

Die urwaldartige Anlage fasziniert mit serpentinenhaften Wegen, schattigen Pappelalleen, plätschernden Teichen, poetischen Grotten, kleinen Brücken und geborgenen Winkeln, die wie natürliche Schlupfwinkel wirken, deren einzige Aufgabe es ist, Eros Schutz zu gewähren.

*Die Galerie für islamische Kunst im Gulbenkian-Museum.*

*Maske einer ägyptischen Mumie aus vergoldetem Silber.*

## DAS GULBENKIAN-MUSEUM

Dieses Museum mit dem wertvollen Vermächtnis Calouste Gulbenkians ist dem Publikum seit 1969 zugänglich. Es befindet sich in einem hochmodernen Gebäude in der Avenida de Berna und besitzt einen umfangreichen Bestand von Kunstgegenständen verschiedenster Art. Die interessantesten Sammlungen sind wohl die der Elfenbeinschnitzereien und anderen Gegenstände arabischer, mittelalterlicher, chinesischer und japanischer Herkunft, die französische Gemäldesammlung und die Skulpturensammlung. Zu den wichtigsten Gemälden des Gulbenkian-Museums zählen das «Porträt eines Alten» von Rembrandt, das «Bildnis der Helene Fourment» von Rubens und «Der Mann und die Puppe» von Degas.

Ebenfalls unbedingt sehenswert sind die Sammlungen von Silberwaren aus dem 18. und 19. Jahrhundert sowie die zahlreichen, wertvollen Möbelstücke im Régence-, Louis-quinze- und Louis-seize-Stil.

In den Beständen des bedeutenden Lissabonner Museums befinden sich außerdem die wundervollen Kunstsammlungen, die Calouste Gulbenkian im Laufe von vierzig fruchtbaren Jahre zusammengetragen hat. Diese Sammlungen, die den Zeitraum von 2800 v. Chr. bis zum 20. Jahrhundert umfassen, sind in den Sälen des Hauses übersichtlich und durchdacht angeordnet. Um dem Besucher einen vollständigen Überblick zu verschaffen, sind im Museum zwei Rundgänge markiert. Der eine ist den Sammlungen orientalischer Kunst mit Werken aus Ägypten, Syrien, dem islamischen Orient und dem Fernen Osten gewidmet und erfaßt

*Das Auditorium der Gulbenkian-Stiftung.*   *Persische Gebetsnische aus dem 13. Jahrhundert.*

außerdem die Sammlungen der griechisch-römischen Antike.
Im Verlauf des zweiten Rundgangs ist europäische Kunst zu sehen, darunter Sammlungen von Gemälden, Skulpturen, Wandteppichen, Schmuck, Elfenbein, Glas, Münzen und Möbeln.
Zum Gulbenkian-Museum gehören weiterhin eine bedeutende Bibliothek, Ausstellungsräume und große Konferenzsäle.
Die von Calouste Gulbenkian gegründete Stiftung, deren Sitz sich im Haus Nr. 45 der Avenida de Berna befindet, gibt zwei bedeutende Zeitschriften heraus: *Colóquio/Artes* und *Colóquio/Letras*.
Die erste, von der jährlich fünf Folgen erscheinen, ist auf glänzendem Kunstdruckpapier gedruckt und mit künstlerischen Reproduktionen in Schwarzweiß und Farbe illustriert. Auf ihren Seiten werden Beiträge namhafter, internationaler Spezialisten zu Themen wie Malerei, Bildhauerei, Musik, Film und Gravierkunst veröffentlicht, und sie enthält darüber hinaus eine Rubrik, in der die bedeutendsten internationalen Kunstveranstaltungen besprochen werden.
Die andere Zeitschrift –*Colóquio/Letras*– erscheint ebenfalls in würdiger Form, und an ihr wirken bedeutende Schriftsteller und Intellektuelle aus Portugal und anderen Ländern mit. Sie enthält Essays, Erzählungen, Gedichte und Literaturkritik. Besondere Aufmerksamkeit widmet die Zeitschrift dabei den portugiesischen und brasilianischen Geisteswissenschaften; sie begleitet aber auch mit Interesse das literarische Geschehen in Frankreich, Spanien, Italien, Polen und anderen Ländern.
Sowohl das Museum als auch die Zeitschriften der Stiftung Calouste Gulbenkian geben verlockende Einblicke in die portugiesische Kunst und Kultur.

## DER ZOOLOGISCHE GARTEN

Der in Palhava gelegene Tiergarten zählt zweifellos zu den bedeutendsten seiner Art. Er befindet sich unweit des Krebsinstituts in der Quinta das Laranjeiras, einem prächtigen Gut, das dem Grafen von Farrobo gehörte und sich jetzt in Staatsbesitz befindet. Ganz in der Nähe liegt die Avenida de Berna, an der sich der Palhava-Park mit dem vom Grafen von Sarzedas gegen Mitte des 17. Jahrhunderts erbauten Palast, in dem Königin Maria Franziska von Savoyen starb, erstreckt. Heute beherbergt der Palast den Sitz der Stiftung Calouste Gulbenkian.

Der Zoologische Garten verfügt über eine prächtige Sammlung von Tieren der verschiedensten Gattungen aus den exotischsten Ländern und sämtlichen Klimazonen der Welt. Mit seinen Löwen, Nilpferden, Affen unterschiedlicher Arten und zahlreichen anderen Exemplaren zählt er zweifellos zu den interessantesten und vollständigsten Europas.

Ein weiterer, außerordentlich interessanter Aspekt des Tiergartens ist die Sammlung von Blumenarten aus der ganzen Welt, wobei dem herrlichen Rosengarten ein besonderer Stellenwert zukommt.

Etwa sieben Kilometer vom Zoo entfernt erstreckt sich die Wohngegend Benfica, die ebenfalls ausgedehnte Grünanlagen aufweist. Am Praça de São Domingos erhebt sich die Kirche des gleichnamigen Klosters, in der die sterblichen Überreste des Vizekönigs von Indien, Don João de Castro, sowie die von Don João das Regras ihre letzte Ruhestätte gefunden haben.

*Der Zoologische Garten.*

*Portweine.*

## GASTRONOMIE

Lissabon ist eine Stadt, in der man ausgezeichnet und preisgünstig essen kann. Der Stockfisch ist das portugiesische Gericht par excellence. Es muß angemerkt werden, daß es sich hier um erstklassigen Stockfisch handelt, der durch eine besondere Behandlung einen unverwechselbaren, angenehmen Geschmack erhält. Traditionell wird er meist gekocht mit Kartoffeln und rohem Öl oder gebraten mit Kartoffeln, Zwiebeln, Knoblauch und Oliven gegessen. In beiden Fällen paßt als Wein ausgezeichnet ein *vinho verde branco* (junger, perlender Weißwein).

Ein weiteres wichtiges Gericht der Lissabonner Küche ist der Portugiesische Eintopf mit Hühnchen, Rindfleisch, Wurst, Schweinefleisch, Kartoffeln, Kohl, grünen Bohnen und Reis. Zu dieser ebenso üppigen wie nahrhaften Speise sollte man einen reifen Landwein genießen.

Typisch für Lissabon sind die *iscas*, feine, in Weißwein und Essig marinierte Leberstreifen, die mit Milz gebraten und dann mit gekochten Kartoffeln als Beilage aufgetragen werden.

Die ausgezeichneten gebratenen Sardinen, die ebenfalls mit gekochten Kartoffeln serviert werden, sind in Lissabon ebenso beliebt wie die Rotbarbe, die Seezunge, der im Überfluß vorhandene Seehecht und die verschiedenen schmackhaften Schalentiere, deren Angebot von der Seespinne über Entenmuscheln, Miesmuscheln, Garnelen und Gambas bis zur Languste reicht.

Der Käse des Landes –jung oder gereift– und das herrliche portugiesische Obst sind die empfehlenswertesten Nachspeisen. Die portugiesischen Weine sind –egal, ob weiß oder rot– jung ebenso empfehlenswert wie im gereiften Zustand, und zwar in ganz Portugal. Sie pflegen nicht sehr hochgradig zu sein, sondern eher lieblich und von hervorragendem Geschmack.

*Folklore. Fadosänger.*

## LISSABONS FOLKLORE

Aus der reichhaltigen und anregenden Lissabonner Folklore ragt der Fado heraus, eine Liedform von ausgesprochen sentimentalem Charakter, ein lyrischer Ausdruck der portugiesischen, von widersprüchlichen Gefühlen des Fatalismus, des Unglücks und der Hoffnung gewiegten Seele, die ihren Ursprung einigen Autoren zufolge in den portugiesischen Gesängen des Mittelalters und den mozarabischen *jaryas* hat. In der anmutigen Kadenz des Fado vereinen sich Sehnsüchte nach der vermeintlich besseren Vergangenheit mit Klagen über die widrige Gegenwart. Der Fado wurde im 19. Jahrhundert populär, als die *cantadeiras* mit ihren schwarzen Kleidern und Schals und die *cantadores* damit begannen, begleitet von den melancholischen Klängen von Bratschen und Gitarren in den typischen Lokalen des Bairro Alto und Alfamas aufzuspielen.

Ein weiteres einzigartiges Motiv der Folklore Lissabons ist der Flohmarkt «Feira da Ladra», auf dem alles Mögliche verkauft wird, angefangen bei den scheinbar nutzlosesten Gegenständen über alte Kleidungsstücke, Schuhe, Keramiken, Bücher usw. bis hin zu wertvollen Kunstwerken. Es handelt sich hier um einen volkstümlichen Brauch mit einem sehr eigenen Charakter, den Henrique O'Neill im vergangenen Jahrhundert mit folgenden Worten beschrieb:

*Salve, tres vezes, venerável feira!*
*Derradeiro degrau que o artefacto,*
*Cumprindo a lei inexorável, cega,*
*Que impérios, tribos, monumentos, choças,*
*Astros, boninas condenou a morte,*
*Desce para voltar a ser masquinha*
*Matéria-prima de futuras obras!*

Die Feiern zu Ehren der sogenannten «Volkstümlichen Heiligen» (São João, Santo António und São Pedro), die im Juni im Alfama-Viertel stattfinden, stellen ein einmaliges populäres Schauspiel dar, das man kaum jemals vergessen wird.

Erwähnt sein soll auch die «Feira Popular» mit ihren Gaststätten –unter denen das «Café dos Pretos» herausragt, das für seinen ausgezeichneten Kaffee und die afrikanische Dekoration bekannt ist–, im Freien gebratenen Sardinen und Hähnchen am Spieß, der vielfältigen Auswahl an Lokalen, der festlichen Atmosphäre und der fröhlichen und überschäumenden Lebhaftigkeit, die die Lissabonner Nächte während der Sommermonate belebt.

*Lissabonner Folklore.*

*Fassade des Palastes von Queluz.*

## DER NATIONALPALAST VON QUELUZ

Im wenige Kilometer von Lissabon entfernt gelegenen Queluz steht dieser prächtige Palast, der einst als königlicher Wohnsitz diente. Es handelt sich um ein prunkvolles Gebäude, das der portugiesische Architekt Mateus Vicente und der Franzose Robillon in der zweiten Hälfte des 18. Jahrhunderts erbauten. Nicht ohne Grund wurde es als das Versailles von Portugal bezeichnet. Die «Prunkfassade» ist auf herrliche Gartenanlagen im Stile Versailles' ausgerichtet. Und auch die Fassade der königlichen Hofkammer und die aristokratische «Escalinata de Leones» (Löwenfreitreppe) sind sehenswert.

Im Inneren des Nationalpalastes von Queluz fällt die sogenannte «Casa de Mangas» auf, deren Wände mit Fliesen von Rato dekoriert sind, auf denen die Entdeckungen der Portugiesen in verschiedenen Erdteilen dargestellt sind. Die Decke der Empfangshalle, auch «Saal der Botschafter» genannt, ziert ein Gemälde, auf dem ein Konzert am Hofe König Johanns zu sehen ist; die Wände sind mit Marmor und Spiegeln verkleidet. Der «Saal des Staatsrats» ist mit einem Deckengemälde geschmückt, das die Zeit repräsentiert und Pedro Alexandrino zugeschrieben wird; die «Königskammer» oder «Kammer Don Quijotes» wurde von Manuel da Costa und J. A. Narciso mit Szenen aus dem *Don Quijote* dekoriert und weist an der Decke eine gemalte Allegorie der Künste auf. In diesem Raum steht noch stets das Bett Peters IV. Im Speisesaal sind Gemälde aus dem 18. Jahrhundert zu sehen. Interessant sind darüber hinaus die Hauskapelle der Prinzessinnen Maria José und Maria Doroteia, der Lanternem-Saal mit dem Porträt König Michaels von Ender, der Musiksalon mit seinen drei herrlichen Leuchtern aus venezianischem

*Der Thronsaal im Palast von Queluz.*

Glas und der rosagrün bemalten Decke sowie der im Louis-quinze-Stil gehaltene Thronsaal, der von José Vicente und Silvestre de Faria dekoriert wurde.
Die Gärten von Queluz sind ebenfalls unbedingt einen Besuch wert, besonders der von Robillon in Anlehnung an den Stil Le Notres entworfene Neptungarten, der sich auf einer Arkadenterrasse erstreckt, die vom Park durch eine Balustrade mit Standbildern von Manuel Alves und Silvestre da Farias getrennt ist, und der Jardim dos Azereiros, der aus der Zeit stammt, als sich Marschall Junot im Palast niederließ, nachdem die napoleonischen Truppen Portugal eingenommen hatten.

*Der Saal der Botschafter im Palast von Queluz.*

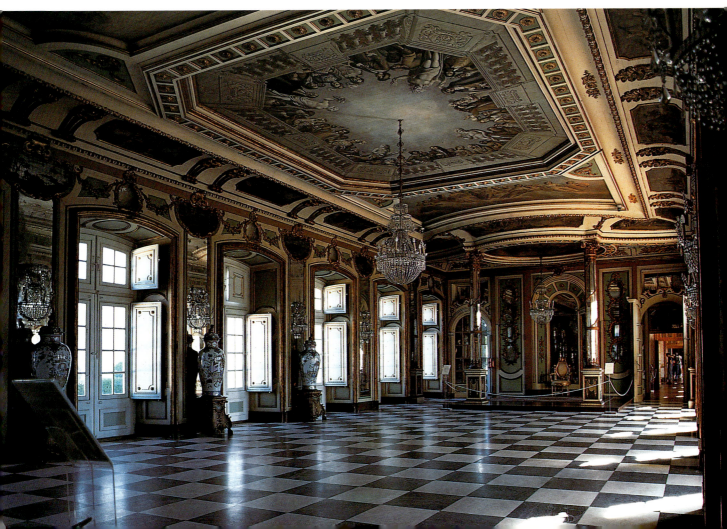

## ESTORIL

In Estoril beginnt streng genommen die sogenannte portugiesische Riviera. Es handelt sich um einen Fremdenverkehrsort ersten Ranges mit modernen Hotelanlagen, Swimmingpools, Golf- und Tennisplätzen, Reitbahnen, einem Jachtclub und zahlreichen andere Sportangeboten.

Unter den unzähligen Touristenattraktionen von Estoril locken tagsüber die herrlichen Strände und nachts das berühmte Kasino, das sich im oberen Teil des Parks befindet und neben anderen Anreizen über Spielsäle verfügt, in denen man beim Roulette oder Bakkarat sein Glück versuchen kann. Das Klima in Estoril ist angenehm und die landschaftliche Umgebung ausgesprochen attraktiv.

*Zwei Teilansichten des Strandes von Estoril.*

*Teilansicht des Strandes von Cascais.*

## CASCAIS

Cascais ist ein ehemaliges Fischerdorf, das etwa drei Kilometer von Estoril entfernt liegt und heute zu den wichtigsten Fremdenverkehrsorten Portugals zählt. Die Zitadelle von Cascais war zwischen 1871 bis 1910 Sommerresidenz des portugiesischen Königshauses. Entlang ihrer Mauern erstreckt sich die Passelo de Santo António mit ihren beiden versetzt übereinander angeordneten Terrassen, die von eleganten Palmen gesäumt werden.

Der vor einer herrlichen Bucht an der sogenannten portugiesischen Sonnenküste gelegene Ort verfügt über ausgezeichnete Hotels und Restaurants. Aus der Zeit, da der königliche Hof hier den Sommer verbrachte, sind noch einige von herrlichen Gärten umgebene Häuser erhalten.

*Der Leuchtturm von Cascais.*

*Der Nationalpalast in Sintra.*

## SINTRA

Sintra, das die gleichnamige majestätische Bergkette beherrscht, deren herrliche Pflanzenpracht Byron in *Childe Harold* «glorreiches Eden» nannte, bietet mit seinen herrlichen Parks, seinen beiden königlichen Palästen und dem alten Maurenkastell einen der schönsten romantischen Anblicke, die man sich vorstellen kann. Der charmante Charakter Sintras und die unvergleichliche Landschaft, die es umgibt, widerstehen allen Versuchen einer treffenden Beschreibung. Sie sind schlichtweg einzigartig und unerreichbar. Diese einmalige Schönheit läßt sich in Worten noch nicht einmal annähernd erfassen. Man muß Sintra mit eigenen Augen gesehen und sich geistig in seine Schönheit vertieft haben, um den Zauber, den es ausstrahlt, zumindest ansatzweise begreifen zu können. Unter den Baudenkmälern des Ortes sticht der Königspalast hervor, der sich am Hauptplatz erhebt. Es handelt sich um ein Gebäude von unzweifelhaftem künstlerischen Wert, dessen Architektur verschiedene Stile in sich vereint und das seit Beginn des 15. Jahrhunderts verschiedenen portugiesischen Königen als Sommerresidenz diente. Der Palast blickt auf eine großartige historische Vergangenheit zurück; hier trug Camões dem König die Verse der *Os Lusíadas* vor, und hier erklangen die Klagen von Alfons VI., dem unglücklichen Herrscher, der von seinem eigenen Bruder in einem Flügel des Gebäudes eingekerkert wurde, nachdem dieser ihm die Gattin und den Thron entrissen hatte.

Der herrliche Pena-Park stellt mit seinen steilen, schattigen Wegen, zahlreichen Quellen und jahrhundertealten Bäumen eine der größten Sehenswürdigkeiten Sintras dar. Richard Strauß rief bei seinem Besuch begeistert aus: «Heute ist der glücklichste Tag meines Lebens! Ich kenne Italien, Sizilien, Griechenland und Ägypten, und doch habe ich nie etwas gesehen, das mit Pena vergleichbar wäre. Dies ist das Schönste, was ich je gesehen habe».

Gekrönt wird das Sintragebirge vom Pena-Palast – einem privilegierten Aussichtspunkt, von dem aus sich ein eindrucksvolles Gebirgspanorama bietet – mit seinem merkwürdigen «Drachentor», seinen Glockentürmen, Minaretten und Kuppeln, seinen manuelinischen Fenstern mit ihren kapriziösen gotischen Spitzbögen und seiner phantastischen Stilmischung.

Auch vom mittelalterlichen «Castelo dos Mouros» (Maurenkastell) aus kann man eine herrliche Aussicht genießen, die vom Blau des Atlantischen Ozeans in die eine Richtung bis zum Mafra-Kloster, einem der majestätischsten Baudenkmäler Portugals, in die andere reicht.

*Der Pena-Palast.*

*Ansicht von Sesimbra.*

## SESIMBRA

Der bedeutende Fischereihafen und Kurort Sesimbra bietet den Zauber der einladenden Strände in seiner Nähe und den Reiz der köstlichen Fischgerichte, die man in seinen Restaurants genießen kann.

Der öffentliche Verkauf der von den Fischern des Ortes gefangenen Fische ist ein malerisches Schauspiel, das man gesehen haben sollte. In Sesimbra ist der Reiz eines kleinen Fischerortes vollständig erhalten geblieben.

Sehenswert ist die Pfarrkirche mit Gemälden aus dem 17. Jahrhundert, die Szenen des volkstümlichen Festes zu Ehren der Nossa Senhora das Chagas zeigen, das seit dem 16. Jahrhundert jährlich am 3. und 4. Mai stattfindet.

## SETÚBAL

Setúbal entspricht dem antiken *Cetobriga*. Heute hat sich die Stadt am linken Ufer der Sadomündung in ein bedeutendes industrielles Zentrum gewandelt. Darüber hinaus zählt Setúbal zu den wichtigsten Fischereihäfen Portugals, seine Konservenindustrie ist die führende des Landes, und auch die Zement- und die Phosphatindustrie nehmen an Bedeutung zu.

Die Hauptstraße Setúbals ist die nach einer gefeierten portugiesischen Sängerin benannte Avenida de Luisa Todi, die parallel zum Fluß verläuft und in deren Nähe sich ein gleichnamiger Park, das Theater und das Museum für Meereskunde befinden. Das Museum besitzt interessante Sammlungen, unter denen die der Seeschwämme herausragt.

*Portal der Jesuskirche in Setúbal.*

Unter den Baudenkmälern Setúbals ist die Jesuskirche erwähnenswert, die gegen Ende des 15. Jahrhunderts vom gleichen Architekten errichtet wurde, der auch den Bau des Hieronymitenkomplexes in Belém leitete. Sie stellt ein schönes Beispiel gotischer Baukunst mit manuelischen Elementen dar. Das Portal wurde aus Arrabida-Marmor gefertigt. Der Innenraum der Kirche ist mit Fliesen aus dem 17. Jahrhundert verkleidet, von denen einige Szenen aus dem Leben der Heiligen Jungfrau zeigen. Auch der manuelische Kreuzgang ist sehenswert. Weitere interessante Kirchen sind die zu Anfang des 16. Jahrhunderts rekonstruierte Igreja São Julião und die im 13. Jahrhundert errichtete, im 16. Jahrhundert rekonstruierte und im 18. Jahrhundert mit Fliesen dekorierte Igreja Santa Maria da Graça.

*Blick vom Kastell São Felipe auf Setúbal.*

## INHALT

| | |
|---|---|
| LISSABON, DIE VIELBESUNGENE STADT... ............ 2 | DAS KUTSCHENMUSEUM ..................................... 44 |
| DIE STADT ............................................................... 4 | DER NATIONALPALAST VON AJUDA .................... 46 |
| DAS KLOSTER CONVENTO DO CARMO .............. 11 | DAS STADTMUSEUM ............................................ 48 |
| DER SANTA-JUSTA-AUFZUG .................................. 12 | DIE BASÍLICA DA ESTRELA ................................. 48 |
| DER PRAÇA DO ROSSIO ....................................... 12 | DER PALAST DER VERSAMMLUNG DER REPUBLIK ............................................................. 50 |
| DER PRAÇA DA FIGUEIRA ..................................... 15 | |
| DIE KIRCHE SANTO ANTÓNIO .............................. 16 | DIE LISSABONNER AUSSICHTSPUNKTE ............. 51 |
| DIE KATHEDRALE .................................................. 18 | DAS MUSEUM DER DEKORATIVEN KÜNSTE .............................................................. 52 |
| DAS «CASA DOS BICOS» ...................................... 20 | |
| DAS KASTELL SÃO JORGE .................................. 20 | DAS MILITÄRMUSEUM ......................................... 54 |
| DER HAFEN ........................................................... 22 | DIE KIRCHE MADRE DE DEUS ............................ 56 |
| DIE BRÜCKEN VON LISSABON ............................ 23 | DER STIERKAMPF ................................................ 59 |
| DIE KIRCHE SÃO VICENTE DE FORA ................... 26 | DER «ESTUFA FRIA» ............................................ 60 |
| DIE KIRCHE SANTA ENGRÁCIA ........................... 27 | DAS GULBENKIAN-MUSEUM ............................... 62 |
| DER «FERIA DE LADRA» ...................................... 28 | DER ZOOLOGISCHE GARTEN .............................. 66 |
| ALFAMA ................................................................. 29 | GASTRONOMÍE ..................................................... 67 |
| DAS MUSEUM FÜR ALTE KUNST ......................... 30 | LISSABONS FOLKLORE ....................................... 68 |
| DER NECESSIDADES-PALAST .............................. 33 | DER NATIONALPALAST VON QUELUZ ................. 70 |
| DAS HIERONYMITENKLOSTER ............................ 34 | ESTORIL ............................................................... 72 |
| DER TURM VON BELÉM ........................................ 38 | CASCAIS ............................................................... 73 |
| DAS SCHIFFAHRTSMUSEUM ................................ 40 | SINTRA ................................................................. 74 |
| DAS NATIONALMUSEUM FÜR ARCHÄOLOGIE UND ETHNOLOGIE ................................................ 42 | SESIMBRA ............................................................ 76 |
| | SETÚBAL .............................................................. 76 |

EDITORIAL ESCUDO DE ORO, S.A.
I.S.B.N. 84-378-0469-8
Druck FISA - Escudo de Oro, S.A.
Hinterlegtes Pflichtexemplar B. 2089-2000

Protegemos el bosque; papel procedente de cultivos forestales controlados
Wir schützen den Wald. Papier aus kontrollierten Forsten.
We protect our forests. The paper used comes from controlled forestry plantations
Nous sauvegardons la forêt: papier provenant de cultures forestières contrôlées

# KOLLEKTIONEN ESCUDO DE ORO, S.A.

## GANZ SPANIEN
1. MADRID
2. BARCELONA
3. SEVILLA
4. MALLORCA
5. COSTA BRAVA
8. CORDOBA
9. GRANADA
10. VALENCIA
11. TOLEDO
12. SANTIAGO
13. IBIZA und Formentera
14. CADIZ
15. MONTSERRAT
16. CANTABRIA
17. TENERIFE
20. BURGOS
24. SEGOVIA
25. ZARAGOZA
26. SALAMANCA
27. AVILA
28. MENORCA
29. SAN SEBASTIAN und Guipúzcoa
30. ASTURIEN
31. LA CORUÑA und die Rías Altas
32. TARRAGONA
40. CUENCA
41. LEON
42. PONTEVEDRA, VIGO und die Rías Bajas
43. RONDA
46. SIGUENZA
47. ANDALUSIEN
52. EXTREMADURA
54. MORELLA
58. VALLDEMOSSA

## REISEFÜHRER
1. MADRID
2. BARCELONA
3. LA RIOJA
4. MALLORCA
6. SANTIAGO DE COMPOSTELA
7. SEVILLA
8. ANDALUCIA
9. GRAN CANARIA
12. GALICIA
13. CORDOBA
14. COSTA BLANCA
15. GRANADA
22. SEGOVIA
25. AVILA
26. HUESCA
28. TOLEDO
30. SANTANDER

---

4. LONDON

---

1. LA HABANA VIEJA
2. EL CAPITOLIO (CUBA)
3. NECROPOLIS DE LA HABANA (CUBA)

## GANZ EUROPA
1. ANDORRA
2. LISSABON
3. LONDON
4. BRUGGE
6. MONACO
7. WIEN
11. VERDUN
12. DER TOWER VON LONDON
13. ANTWERPEN
14. WESTMINSTER-ABTEI
15. SPANISCHE REITSCHULE IN WIEN
17. DAS SCHLOSS WINDSOR
18. COTE D'OPAL
19. COTE D'AZUR
22. BRUSSEL
23. SCHÖNBRUNN-PALAST
26. HOFBURG
27. ELSASS
28. RODAS
32. PERPIGNAN
33. STRASBURG
34. MADEIRA + PORTO SANTO
35. CERDAGNE - CAPCIR
36. BERLIN
37. MOSCU
38. PORTUGAL

## TUORISMUS
1. COSTA DEL SOL
2. COSTA BRAVA
3. ANDORRA
4. ANTEQUERA
7. MENORCA
8. MALLORCA
9. TENERIFE
14. LA ALPUJARRA
15. LA AXARQUIA
16. PARQUE ARDALES Y EL CHORRO
17. NERJA
18. GAUDI
19. BARCELONA
21. MARBELLA
23. LA MANGA DEL MAR MENOR
25. KATHEDRALE VON LEON
26. MONTSERRAT
28. PICASSO
34. RONDA
35. IBIZA-FORMENTERA
37. GIRONA
38. CADIZ
39. ALMERIA
40. SAGRADA FAMILIA
41. FUENGIROLA
42. FATIMA
43. LANZAROTE
44. MEZQUITA HASSAN II
45. JEREZ DE LA FRONTERA
46. PALS
47. VALLDEMOSSA
48. SANTILLANA DEL MAR
49. DIE ALHAMBRA UND DER GENERALIFE
51. MONACO-MONTECARLO

## GANZ AMERIKA
1. PUERTO RICO
2. SANTO DOMINGO
3. QUEBEC
4. COSTA RICA
5. CARACAS
6. LA HABANA

---

1. CUZCO
2. AREQUIPA
3. LIMA
4. MACHU PICCHU

## GANZ AFRIKA
1. MAROKKO
3. TUNESIEN

## KUNST IN SPANIEN
1. PALAU DE LA MUSICA CATALANA
2. GAUDI
3. PRADO-MUSEUM I (Spanische Malerei)
4. PRADO-MUSEUM II (Auslandische Malerei)
5. KLOSTER VON GUADALUPE
7. MUSEUM DER SCHÖNEN KÜNSTE VON SEVILLA
10. DIE KATHEDRALE VON GIRONA
11. GRAN TEATRO DEL LICEO
12. MEZQUITA DE CORDOBA
14. PICASSO
15. REALES ALCAZARES DE SEVILLA
19. DIE ALHAMBRA UND DIE GENERALIFE
21. KÖNIGLICHER SITZ VON ARANJUEZ
22. KÖNIGLICHER SITZ VON EL PARDO
24. KÖNIGLICHER SAN ILDEFONSO
26. PILAR-BASILIKA VON SARAGOSSA
27. TEMPLE DE LA SAGRADA FAMILIA
28. ABTEI VON POBLET
29. KATHEDRAL VON SEVILLA
30. KATHEDRAL VON MALLORCA
32. CARTUJA DE VALLDEMOSSA
33. GOYA
34. KATHEDRAL VON BARCELONA
35. CASA - MUSEU CASTELL GALA-DALI PUBOL
36. CATEDRAL DE SIGUENZA
37. SANTA MARIA LA REAL DE NAJERA
38. CASA - MUSEU SALVADOR DALI PORT LLIGAT

## MONOGRAPHIEN K.
5. SONNERGIE IN DER CERDAGNE
10. MORELLA
20. CAPILLA REAL DE GRANADA
31. CORDILLERAS DE PUERTO RICO
38. GIBRALTAR
50. BRÜGGE
68. MONASTERIO DE PIEDRA
70. TORREVIEJA
74. VALLDEMOSSA
75. ANTWERPEN
84. KATHEDRAL VON MALLORCA
85. KATHEDRAL VON BARCELONA
86. VALL D'UXO

## MONOGRAPHIEN G.
5. PUERTO RICO
6. EL VIEJO SAN JUAN
9. STADT BRUJAS
19. MURALLAS DE SAN JUAN

## KARTEN
1. MADRID
2. BARCELONA
6. LONDRES
8. ALICANTE
20. PANAMA
31. SEVILLA
33. BRUGGE
34. BRUSSEL
35. ANTWERPEN
36. SEGOVIA
37. CORDOBA
38. CADIZ
40. PALMA DE MALLORCA
45. JEREZ DE LA FRONTERA
47. AVILA
48. ANDORRA
50. SALAMANCA
52. LEON
53. BURGOS
58. IBIZA
59. OOSTENDE
78. GRANADA
80. MONACO
93. MENORCA
94. LA MANGA DEL MAR MENOR
96. COSTA BRAVA
97. MADEIRA
98. SANTANDER
99. LLORET DE MAR
100. ANDALUCIA
101. JAEN

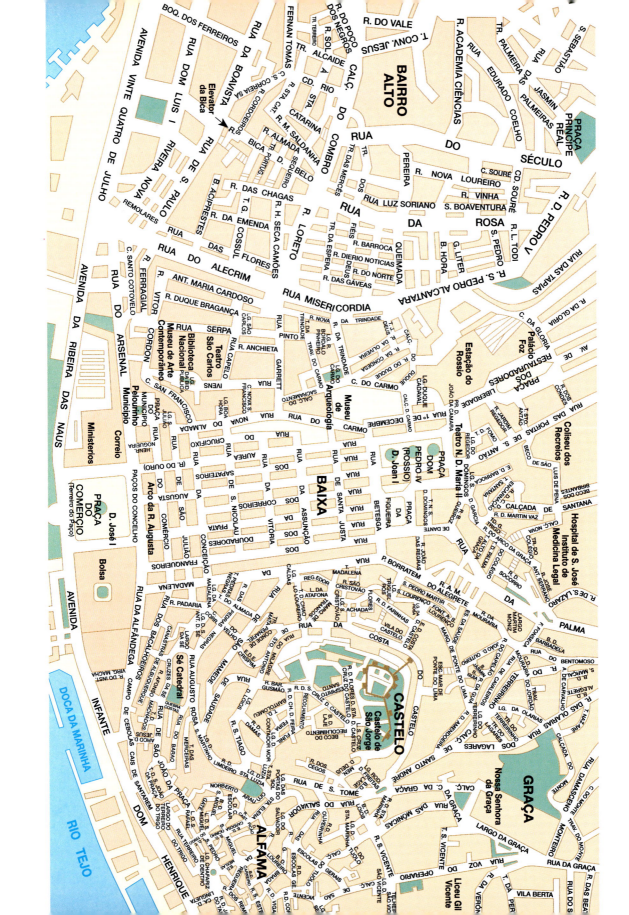